Zhongguo Jinxiandaishi Gangyao
Jiaoxue Anli

中国近现代史纲要
——教学案例——

主　编　丁彩霞　牛风学
副主编　屠　潇　庄　芹

上海交通大学出版社
SHANGHAI JIAO TONG UNIVERSITY PRESS

内容提要

　　本书紧紧围绕"中国近现代史纲要"课程相关教材章节的重点、难点,以及学生普遍关心的热点问题展开编写,共有十章,每章包含三到五个教学案例。这些案例取材广泛,主题鲜明,分析点评准确到位。本书不仅可以提高教师教学的针对性和实效性,还能增强教学教程中的吸引力和感染力,更重要的是,还有助于提升高校学生的学科知识素养和逻辑思维能力。

图书在版编目(CIP)数据

　　中国近现代史纲要教学案例/丁彩霞,牛风学主编
. —上海:上海交通大学出版社,2023.7
　　ISBN 978 - 7 - 313 - 29082 - 3

　　Ⅰ.①中⋯　Ⅱ.①丁⋯　②牛⋯　Ⅲ.①中国历史-近现代-高等学校-教学参考资料　Ⅳ.①K25

　　中国国家版本馆 CIP 数据核字(2023)第 128734 号

中国近现代史纲要教学案例
ZHONGGUO JINXIANDAISHI GANGYAO JIAOXUE ANLI

主　　编:丁彩霞　牛风学
出版发行:上海交通大学出版社　　　　　　地　　址:上海市番禺路 951 号
邮政编码:200030　　　　　　　　　　　　电　　话:021 - 64071208
印　　制:上海新艺印刷有限公司　　　　　经　　销:全国新华书店
开　　本:787mm×1092mm　1/16　　　　　印　　张:9
字　　数:192 千字
版　　次:2023 年 7 月第 1 版　　　　　　　印　　次:2023 年 7 月第 1 次印刷
书　　号:ISBN 978 - 7 - 313 - 29082 - 3
定　　价:59.00 元

前言

为了贯彻中共中央宣传部、教育部关于加强和改进高等学校思想政治理论课的意见精神，推进"中国近现代史纲要"这门课程的教学和改革，帮助教师和学生准确把握教材，加强理论联系实际，丰富教学内容，改进教学方法，实现由教材体系向教学体系转化，我们编写了这本以高等教育出版社"马克思主义理论研究和建设工程重点教材"《中国近现代史纲要（2021年版）》的主要内容和逻辑结构为依据的教学案例用书。

在编写过程中，我们紧紧围绕相关教材章节的重点、难点，以及学生普遍关心的热点问题展开，共有十章，每章包括三到五个教学案例。这些案例取材广泛，主题鲜明，分析点评准确到位。本书不仅可以提高教师教学的针对性和实效性，还能增强教学过程中的吸引力和感染力，更重要的是，还有助于提升高校学生的学科知识素养和逻辑思维能力。

本书由丁彩霞、牛风学担任主编，屠潇、庄芹担任副主编，负责设计本书写作框架，并统改，定稿。具体参编老师分工如下：第一章，陈晓琴；第二章，牛风学；第三章，屠潇；第四章，靳玉；第五章，邱国；第六章，王猛；第七章，吴巍；第八章，刘亚磊、王茹；第九章，庄芹、楚盛男、费志杰；第十章，庄芹。

本书在编写过程中，参考了诸多历史文献、相关著作和研究论文，以及新媒体上的相关内容，在此一并向相关作者表示真诚的感谢。

由于时间紧迫，加之编者水平有限，书中会有不足之处，恳请专家、同人和读者批评指正。

目录

第一章 >>> 进入近代后中华民族的磨难与抗争

教学案例一

马戛尔尼访华

一、案例描述

1793年,中国本来没有什么大事发生,然而一个叫马戛尔尼的英国人带着庞大的使团来到中国,使得这一年不再那么平凡。

马戛尔尼是英国的一位外交家和政治家,1792年,他被英国政府任命为出使中国的正使,乔治·斯当东为副使。这次出使中国,表面上是为庆祝乾隆八十大寿,真实目的却是打算跟清朝往来贸易。

1793年,英国使团乘坐一艘装有六十门大炮的舰船——"狮子"号抵达中国,一同抵达的还有两艘英国东印度公司提供的随行船只。使团经过天津白河口,换小船进入大沽,受到直隶总督的欢迎,并送上大量礼物、食品。这支由马戛尔尼率领的英国使团在去往北京的路上经历了很多让他们费解的事。

第一件事是,使团来华后没有向清政府提出过任何请求,可大批免费供应的物品却源源不断地向他们送来。这让英国人大感意外,因为按照他们的外交习惯,一般使团的出行访问费都是由自己负责。

让英国人意想不到的怪事,还在不断发生。由于有些猪和家禽在路上因为碰撞已经死掉,所以英国人把这些死猪和死鸡扔进水中。岸上看热闹的中国人见状,马上争先恐后跳下水,把它们捞起来,洗干净后用盐腌起来。

在天津登陆后,使团沿运河北上北京。在英国人眼里,当时的清朝并不是乾隆自我感觉的那样太平。两岸居民的生活实在是太寒酸简陋,四处都是一片贫困落后的景象。给英国人深刻印象的还有清朝官吏对普通百姓的冷漠和对生命的不尊重。原来,当使团的船经过运河时,一伙看热闹的人压翻了河中的一艘小船,许多人掉进河中,虽然当时有很多的船在运河上行驶,却没有一艘船愿意前去救援在河里挣扎的人,官府的人对此也视而不见。

　　马戛尔尼一行人到达北京之后,又发生了一件令英国人很不理解的事情。原来,中英双方就马戛尔尼跟乾隆见面的礼仪问题发生了分歧。清朝政府要求马戛尔尼必须向乾隆皇帝三拜九叩,而马戛尔尼要求用自己见英国国王的礼仪参见乾隆。最后,马戛尔尼还是按照英国的礼仪拜见了乾隆,行单膝下跪礼,不必叩头。马戛尔尼向清政府提出了开放贸易口岸等要求,但是没有得到乾隆皇帝的同意。乾隆皇帝认为,中国作为天朝上国,不需要外国的商品即可自给自足,双方不存在平等贸易的基本条件。

　　英国一行人给中国带来了望远镜、地球仪、钟表和先进的枪炮。但这些先进的物品不仅没有引起乾隆皇帝的兴趣,也没有让他感受到中国的落伍。

　　在返回英国的船上,马戛尔尼写道:"中华帝国不过是一艘陈旧的破船,只是幸运地有了几位谨慎的船长,才使得它在近一百五十年的时间里没有沉没。它那庞大的躯体使得邻国望而生畏。假如不幸由一位无能之辈掌舵,那它的厄运就降临了。"

　　他后来将这次经历写成了一本《乾隆英使觐见记》,至今仍留存于世。

　　清朝和英国的第一次正式接触就这样结束了。然而,英国来访的目的是为了通商贸易,而清政府却误以为是弱国的进贡与朝拜,这就造成了历史进程中的矛盾与冲突。清朝在外交上的闭关锁国,造成了中国日益落后于世界潮流,整个中国已经开始逐渐远离"世界文明"。

　　资料来源:张兴慧.马戛尔尼与"中国梦"[N].中国青年报,2013-05-10(04).

二、思考讨论题

　　1. 马戛尔尼使团访华为什么会失败?

　　2. 中国封建社会由昌盛到衰落的主要表现是什么?

　　3. 结合本案例,谈谈近代东西方的历史走向为何会出现巨大的反差。

三、案例解析

　　回顾一百多年来中国被列强任意宰割的屈辱历史,必然会涉及马戛尔尼这个人物。作为大英帝国的使节,马戛尔尼首次率团来华。马戛尔尼是一个标志性的人物,他来到大清国时,正逢所谓的"康乾盛世";而他离开时,却预示着中国将走向充满屈辱与奋进的近代。当清政府还在为这些大鼻子、蓝眼睛的洋人必须在皇帝面前行三跪九叩之礼而较劲的时候,马戛尔尼已经洞察到了大清国的不堪一击。马戛尔尼使团访华及其失败充分体现了近代资本主义文明与古老中国的封建主义文明在世界观、外交观及经济贸易观上巨大的差异性。这种差异性对两国近代历史的发展又起着重要但却是截然相反的作用。马戛尔尼的使团就像一根线,把东西方两个帝国串联起来,不同的文明由此交会。

　　中国自古以来,因地理和历史的原因,产生相应的"华夏中心论"和"夷夏大防"文化价值观。它认为中国是世界一切文明的唯一中心,是唯一的天朝上国,它所有的制度与文化都已尽善尽美。而中国的四周皆为夷狄蛮戎之邦,它们只有向天朝称臣纳贡的资格,并最终将为华夏文明所同化。而凡是不愿称臣纳贡者,则"非我族类,其心必异",对之必得怀有警惕的戒惧之心。这种只能以夏变夷，不能以夷变夏的传统观念，在经历了历史上屡次落后民族入主中原而被先进华夏文明所征服的历史后，被强化成为一种根深蒂固的文化优越论，表现在处理与外来国家和民族的关系上，即将皇帝与臣子的关系进一步衍化，视一切外来民族与国家为中原王朝的臣属，所谓"溥天之下，莫非王土；率土之滨，莫非王臣"。这种传统的"华夏中心论"和"夷夏大防"的价值观及君臣式的"内政外交观"在大清皇帝身上表现得十分明显。大清王朝是当时世界上地域最广阔、国力最强盛的政治实体。大清的皇帝们希望通过文化上的影响来确立统治等级和体系。正因如此，乾隆才将英使来华的目的理所当然地视为祝寿朝贡、输诚向化兼及买卖，才一再坚持维护天朝百余年法度及三跪九叩的觐见礼节，而置英国建立平等外交关系的要求于不顾。当世界继续向前发展的时候，天朝的皇帝与绝大多数臣民仍在紧闭的国门中编织着天朝无所不有的美梦。

英国是当时西方国家中的头号强国，但它并不认为自己是唯一的大国，所以对自己并不了解但却声名远播的大清帝国的态度不敢轻视，而是审时度势，欲以外交途径解决两国间的贸易问题，并欲按近代外交的观念和准则与清政府建立外交关系。因此，它派遣了以马戛尔尼为首的包括政治、军事、法律、商业、航海、工艺、翻译等各方面人员组成的使团访华，将此次出访作为了解中国、取得第一手资料的绝妙机会。所以，使团尽管未达预期目的，其收获依然颇丰。这无疑有助于英国对中国的进一步了解及日后对中国的军事进攻。

对中国而言，"华夏中心论""夷夏大防"的世界观、价值观最终阻碍了自身与外部世界的沟通、交流，阻碍了社会的发展。这已为后来的史实所验证。马戛尔尼在访华之时已经洞察到了大清帝国的脆弱。

马戛尔尼访华的失败预示着近代中国失去与西方正常交流文化、科技，吸收其先进的生产技术，发展中国经济的有利时机，从而导致了中西经济发展的差距越来越大，使中国在鸦片战争后长期处于落后挨打的被动而屈辱的地位。中国陷入了半殖民地半封建社会，成为西方帝国主义国家侵略和掠夺的对象。鸦片战争的失败当然不是马戛尔尼访华受挫直接导致的，但由此我们可以看出先进的资本主义经济社会制度与落后腐朽的封建经济社会制度的差异，也可以看出不同社会制度的不同文化的较量。中国近百年的屈辱史正是毛泽东所说的"落后就要挨打"的真实印证。尽管马戛尔尼访华距今已有两个多世纪之久，然而当我们透过历史的尘埃再次考察它时，不难发现这一事件本身对我们今天改革开放的事业不无启迪，对于我们发展经济、繁荣国家、处理国际事务及观念的更新等方面仍有借鉴之处。

四、教学建议

本案例可用于讲授第一节"鸦片战争前后的中国和世界"的导入教学。结合案例，分析英国马戛尔尼使团访华的过程及其目的，分析乾隆皇帝对待英国马戛尔尼使团的态度。在讲述案例之后，教师可以组织学生首先就"马戛尔尼访华说明了什么"这一问题进行分组讨论，并派代表发言。之后，由教师点评。

通过讨论使学生理解鸦片战争前中英两国的发展差距拉大的原因。了解中国进入近代的时代背景。使用案例过程中要引导学生分析中英发展的差距,正确认识鸦片战争爆发的原因及时代背景,理解历史必然性和偶然性之间的关系。

五、教学反思

对马戛尔尼访华失败的原因要加以引导。在案例实施过程中,学生们进行思考、讨论和总结马戛尔尼访华失败的原因时,得出的结论大都是归于清政府的盲目自大,乾隆皇帝的傲慢态度,认识到对中国而言,"华夏中心论""夷夏大防"的世界观、价值观最终阻碍了自身与外部世界的沟通、交流,阻碍了社会的发展,这也是导致东西方发展拉开差距的主要原因。因而在讨论鸦片战争爆发的原因时,有些学生容易忽略西方列强的侵略野心,而只是归咎于清政府的腐败无能。教学中要注重引导,西方列强提出的无理要求和殖民野心也是清政府当时不接受打开国门的原因,为之后讨论驳斥"帝国主义侵略有功论"奠定基础。

参考文献

[1] 中国第一历史档案.英使马戛尔尼访华档案史料汇编[M].北京:国际文化出版公司,1996.
[2] 王宏志.龙与狮的对话:翻译与马戛尔尼访华使团[M].香港:香港中文大学出版社,2022.
[3] 陈娟娟,鲁婷.简析马戛尔尼使团使华的背景、原因、影响及其现代意义[J].传承,2009(06):102-103.

教学案例二

抢掠圆明园

一、案例描述

1857年,英国借口"亚罗号"事件,法国借口"马神甫事件",联合出兵侵略中国,在侵占广州后,继续进犯北京。咸丰皇帝吓破了胆,派恭亲王奕䜣为钦差大臣,留守北京,主持议和,自己带着后妃、皇子、亲王和一批大臣,于1860年5月22日慌忙逃到热河行宫(今河北承德避暑山庄)。10月5日,英法联军兵临北京城下。根据俄国外交官伊格纳提耶夫提供的情报:清朝守军集中在东城,北城是最薄弱的地方,应先攻取,并听说中国清朝皇帝正在西北郊的圆明园。于是,英法联军绕过安定门、德胜门,进犯圆明园。10月6日,英法联军闯进圆明园,立即疯狂地进行抢劫。

中国守军因弱小寡不敌众,圆明园总管大臣文丰投福海自尽,住在园内的常嫔受惊身亡。英法军队洗劫两天后,向城内开进。10月11日,英军派出1 200余名骑兵和1个步兵团,再次洗劫圆明园,英国全权代表詹姆士·布鲁斯以清政府曾将巴夏礼等人囚于圆明园为借口,将焚毁圆明园列入议和先决条件。10月18日,3 500名英军冲入圆明园,纵火焚烧,大火三日不灭,圆明园及附近的清漪园、静明园、静宜园、畅春园及海淀镇等均被烧成一片废墟,安佑宫中近 300 名太监、宫女、工匠葬身火海,遂造成了世界文明史上罕见的暴行。

英法联军火烧圆明园时,本意是将其夷为平地,但是由于圆明园的面积太大,景点分散,而且水域辽阔,一些偏僻之处和水中景点幸免于难。据同治十二年(1873 年)冬查勘,园内尚存有建筑 13 处。如圆明园的蓬岛瑶台、藏舟坞、绮春园的大宫门、正觉寺等。第二次火烧圆明园是清光绪二十六年(1900 年),八国联军入侵北京,再次放火烧圆明园,使这里残存的 13 处皇家宫殿建筑又遭掠夺焚劫。

这场浩劫,正如法国著名作家雨果所描绘的那样:有一天,两个强盗闯进了夏宫,一个进行抢劫,另一个放火焚烧。他们高高兴兴地回到了欧洲,这两个强盗,一个叫法兰西,一个叫英吉利。他们共同"分享"了圆明园这座东方宝库,还认为自己取得了一场伟大的胜利。

资料来源:中国圆明园学会. 圆明园[M]. 北京:中国建筑工业出版社,2007.

二、思考讨论题

1. 圆明园的毁灭造成的损失为什么是不可估量的?
2. 假如此时你正在圆明园的废墟旁,你想说些什么?
3. 结合本案例,谈谈侵略者在中国的所作所为是如何暴露帝国主义、殖民主义势力践踏文明的野蛮本性的。

三、案例解析

1856—1860 年,英法发动了第二次鸦片战争。1860 年 10 月,英法联军攻占北京,咸丰皇帝逃往热河。英法联军侵入圆明园。圆明园是一座皇家花园,始建于 1707 年,由圆明、长春、万春三园组成。前后营建了 151 年,园中有 200 多座金碧辉煌的宫殿,收藏着难以计数的艺术珍品和图书文物。侵略者在被称为"万园之园"的圆明园疯狂抢劫三天,最后又将它付之一炬。熊熊大火烧了三天三夜,滚滚的浓烟遮天蔽日。法国大作家雨果说,把法国各大教堂的财富集中在一起,也抵不上一座圆明园。圆明园的"一个宫殿就需要金法郎四百万,而这样的宫殿圆明园就有两百座"。壮丽的世界奇观圆明园经侵略者的掠夺和焚烧,化为一片废墟,"宫阙万间都做了土"。所以,我们常说圆明园是近代中国遭受苦难的缩影。

英法联军焚烧圆明园后,从留下的照片中可看出多数建筑残迹还较完整,清廷在三十多年间仍将此当成重兵看守的禁苑,并进行了一系列修复工程,同治、光绪两代皇帝和慈禧人后也常到此巡游。1900 年,八国联军入侵北京,不仅颐和园遭到一场洗劫(后于 1903 年修复),圆明园遗址也遭彻底破坏。因管园的人员逃走,园内无以为生的闲散旗兵和城里流氓游民群起盗运建材。进入民国年间,遗址更无人看护,各派军阀乃至许多富户都到此搬运石料用来建墓修园,一二十年间前来盗运的马车几乎每天络绎不绝,残园简直成了"石料场"。直至中华人民共和国成立,圆明园遗址才得到保护,近些年并得到一定的修复。令人伤心不已的是,侵略者劫走的圆明园文物百年来长期在欧美市场上展览出售。直至 2009 年,圆明园鼠首与兔首铜像还在巴黎佳士得拍卖行被高价拍卖。无情的事实昭示着国人,那些号称"西方文明"的传播者,在中国土地上竟是那样野蛮。圆明园的灾难,也激起过无数中华儿女的自尊心和自强感,以努力去摆脱受西方歧视的地位而自立于世界民族之林。

此后,在1883—1885年期间的中法战争中,中国军队虽获得了战场上的胜利,但仍然签订了不利于中国的《中法条约》。中国的西南门户就此被打开,法国也成为第一个在中国拥有修筑铁路权的国家。19世纪到20世纪交替时期,西方列强掀起了瓜分中国的狂潮。11个国家通过与中国共同签署的《辛丑条约》调解了他们内部的利益矛盾。《辛丑条约》还把中国对其的一部分赔款转变成分期支付,这使西方国家更容易长期控制中国的经济发展。从此,中国半殖民地半封建社会统治秩序完全确立起来,中国半殖民地半封建社会正式形成了。

历史学家宋小庆和马执斌在《怎样认识近代中国人民的反侵略斗争》一文中指出,从所谓的"现代化理论",到时下流行的新自由主义、"历史终结论"、新帝国主义等西方各主流学说,都自觉地为资本主义世界体系寻求历史和现实的依据。在它们的理论框架中,血腥的殖民侵略和惨烈的反侵略斗争被过滤、淡化,甚至消失得无影无踪。留下的只是"自由""友谊""发展"等一系列悦耳动听的谎言,以及一条必须跟着西方亦步亦趋的发展道路。因此,能否用历史唯物主义的观点正确认识中国近代历史,不只关系到我们民族的现在,而且关系到我们民族的未来。近代中国的基本矛盾是帝国主义和中华民族的矛盾、封建主义和人民大众的矛盾。中国所面临的两大任务是民族独立、人民解放,完成现代化以实现国家富强和人民幸福。然而,没有民族独立就没有真正的现代化,不推翻半殖民地半封建的统治秩序、粉碎旧的生产关系,不将中国人民从帝国主义和封建主义的压迫下解放出来,新的生产力就难以发展,全面建设更无法展开。

如今的圆明园遗址公园,以遗址为主题,形成了凝固的历史与充满蓬勃生机的园林气氛相结合的独特的旅游景观,既具有重大的政治历史价值,又是一处难得的旅游胜地。圆明园被毁的悲剧,曾是中华民族屈辱的象征,圆明园的重生,已经成为并将继续成为中华民族奋发图强、日益繁荣昌盛的见证。

四、教学建议

本案例可作为第二节"西方列强对中国的侵略"教学中"战争结果"内容的讲述。在讲述案例之后,教师组织学生思考、讨论,结合材料驳斥"鸦片战争一声炮响,给中国带来近代文明"的论调。

使用案例过程中要引导学生分析资本-帝国主义侵略的真正目的,不是给中国带来近代文明,而是赤裸裸地践踏文明,进而驳斥"殖民有功,侵略有理"的论调。

五、教学反思

大部分同学都了解火烧圆明园这一历史事件,案例讲解完后,在思考讨论第一个问题时,大部分学生是从物质层面的损失去思考,很少同学会进一步延伸到精神层面、心理层面的影响,教师点评时要强调这一点。

在回答"假如此时你正在圆明园的废墟旁,你想说些什么"时,大体围绕"铭记历史,以史为鉴,展望未来"这一主线展开。这一问题的讨论教师要加以引导,为第三个问题作铺垫。

通过前两问的讨论,第三个问题"结合本案例,谈谈侵略者在中国的所作所为是如何暴露帝国主义、殖民主义势力践踏文明的野蛮本性的"的讨论,为学生学习本节的帝国主义侵略四种形式作铺垫。

参考文献

[1] 宋小庆,马执斌.怎样认识近代中国人民的反侵略斗争[J].求是,2006(6):49-52.

[2] 张海鹏,邓红洲,赵一顺.国耻百谈[M].北京:中华书局,2001.

[3] 罗平汉,路明.近代中国的故事之一:鸦片战争的故事[M].北京:中共党史出版社,1999.

教学案例三

三元里人民抗英斗争

一、案例描述

1840年6月,英国发动对华鸦片战争。1841年5月29日,英军劫掠队到三元里一带抢劫,侮辱菜农韦绍光的妻子。韦绍光等人忍无可忍与敌力搏,打死几名英兵。随后,三元里附近103乡人民"义愤同赴",组成反侵略武装抵御英军。5月30日早晨,数千名"义勇"逼近英军司令部所在的四方炮台,诱敌至牛栏岗,经过一天激战,打死英军200多人,三元里人民大获全胜。为了永远缅怀英烈们的英雄业绩,中华人民共和国成立后,广州市人民政府于1950年10月在三元里村西门楼的山冈上,建起了三元里人民抗英烈士纪念碑,纪念碑四周建成三元里抗英纪念公园。公园占地面积7920平方米,布局庄严肃穆。当年三元里人民誓师抗英的三元古庙遗址已于1958年11月辟为三元里人民抗英斗争史料陈列馆,附近立有三元里人民抗英烈士纪念碑。

资料来源:杜定成.三元里人民抗英斗争史料简介[J].岭南文史,1993(02):26.

二、思考讨论题

1. 分析三元里人民抗英斗争胜利的原因。

2. 三元里人民抗英斗争胜利给我们带来怎样的启示?

三、案例解析

1840年6月,英国发动了第一次鸦片战争。到第二年5月25日,英军到达广州城下,并攻陷广州城北诸炮台,炮击广州;5 月 27 日,清军统帅奕山与英国签订了《广州和约》。和约刚签订不久,就有一股驻扎在广州城北四方炮台的英军到三元里抢掠财物、强暴妇女,最终当地人民奋起反抗,这就是三元里抗英事件。

三元里人民反抗英国的原因有以下几点:第一,英军劫掠财物,甚至为了抢夺财物挖开当地人的祖坟;第二,英军强奸、调戏妇女。比如,韦绍光是三元里地区的居民,当他的妻子被英军士兵调戏的时候,韦绍光揭竿而起,联合村民逐走英军。

5 月 30 日,三元里附近 103 个乡的群众包围了英军占据的四方炮台,占据炮台的英军主动向乡民进攻。三元里乡民且战且退,诱敌至三元里牛栏岗后聚合反攻。当时恰逢下着倾盆大雨,英军的燧发枪无法射击,乡民手持刀矛、锄头与英军肉搏,英军作战不利撤回四方炮台。5 月 31 日清晨,三元里人民再次包围四方炮台,英军派人通知广州知府余保纯:若不停止敌对行为,将中止和约并进攻广州城。广州知府余保纯前往劝解民众撤离,事件结束。

在第一次鸦片战争中,广州三元里人民英勇抗击英国侵略者,取得三元里战斗的胜利,与战场上清军失败形成鲜明对比。为什么三元里人民会取得胜利?细致分析有"天时、地利、人和"等因素,当然人和是最重要的,只有广大民众团结起来,才能彻底打败侵略者。这则案例介绍了三元里人民抗英斗争纪念馆和纪念公园的情景,有助于我们缅怀三元里抗英英雄,永记他们的爱国主义精神。

四、教学建议

本案例可作为第三节"反抗外来侵略的斗争历程"教学中"反抗外国武装侵略的斗争"的内容讲述。

在讲述案例之后,教师可组织学生思考、讨论三元里人民抗英斗争胜利的原因并分析带来哪些启示。教师在这个问题上要加以引导,突出"天时、地利、人和"等因素,尤其是"人和"的重要性,激发学生铭记历史,发扬爱国主义精神。

五、教学反思

在分析三元里抗英斗争胜利的原因时,学生结合教师的案例解析,能从"天时、地利、人和"三个方面去阐述。但在回答"三元里人民抗英斗争胜利给我们带来怎样的启示"这个问题时,学生大部分会停留在对这一事件的思考,如发扬爱国主义精神、民族精神的重要性,主要是精神上的鼓舞与启迪。教师要注意引导,如对这一历史事件的认识上,把这一事件置于抵御外来侵略的斗争历程当中,这次斗争胜利的原因与近代反侵略战争失败的事实作比较,让学生进一步思考,为下一节讲授反侵略战争失败及其原因作好铺垫。

参考文献

[1] 宋小庆,马执斌.怎样认识近代中国人民的反侵略斗争[J].求是,2006(6):49-52.

[2] 杜定成.三元里人民抗英斗争史料简介[J].岭南文史,1993(02):26.

教学案例四

魏源与《海国图志》

一、案例描述

　　1841年8月的一天黄昏,魏源在镇江遇见了即将发配伊犁的林则徐。两位忧国忧民、力主抗英的爱国志士相见,不由百感交集,慨叹不已。在魏源的住处,林则徐小心翼翼地打开一个布包,指着布包内的一大捆书报说:"这是我在广东时组织译员从香港、澳门的书籍和报纸上翻译的译文材料。如今我发配伊犁,路途遥远,不知何年何月才能返回。我想把这些东西交给你,希望你能在这些材料的基础上,编写一本介绍海外各国情况的书,改变国人对世界的无知状态。"魏源从林则徐手里接过沉甸甸的布包,会意地点了点头。他在林则徐《四洲志》的基础上,又根据历代史书记载及新搜集的外国图文资料,夜以继日地奋笔疾书。到1843年初,魏源终于写完了《海国图志》。它是鸦片战争失败后中国先进分子了解和认识西方的第一部百科全书式的宝贵典籍。《海国图志》先后征引了历代史志14种、中外古今各家著述70多种,还有各种奏折10多件和魏源的一些亲身经历。《海国图志》全书分6个部分,每一部分侧重各有不同。如"世界地图及各国分地图篇"向人们提供了近百幅全新的世界各国地图;在"世界各国史地篇"中,魏源通过征引《地球图说》《外国史略》和《瀛环志略》等书中的材料,详细地介绍了美国的民主政治,涉及美国的联邦制度、选举制度、议会制度等。可以说,《海国图志》涵盖了当时西方国家的政治、经济、军事、历史、地理、文化等方方面面的内容。

　　魏源这部关于世界各国地理、历史概况和社会现状的巨著,开阔了中国人的视野,迈出了向西方学习的第一步,对后来的洋务运动和戊戌变法都产生了巨大影响。魏源的改革思想中,虽然有发展资本主义经济的微弱呼声,有称赞资产阶级政体的某些词句,但脚步却始终没有跨出封建主义的门槛。他幻想清王朝能改弦更张,通过学习西方某些富国强兵之道,以重振国威。正是这个政治立场,驱使魏源在1853年任江苏高邮知州时,组织地主团练武装,以对抗太平天国农民起义。

　　　　　　　　　　　　资料来源:陈其泰,刘兰肖.魏源评传[M].南京:南京大学出版社,2005.

二、思考讨论题

　　1. 魏源为什么要编撰《海国图志》?

　　2.《海国图志》的主要内容是什么?

　　3. 依据本案例,结合时代背景,评述林则徐、魏源的主张。

三、案例解析

　　鸦片战争前夕,清王朝的封建统治面临严重危机。在那个"万马齐喑究可哀"的时代,也有不少爱国志士苦苦寻求革故鼎新、富国强兵的道路。魏源就是其中的代表人物之一。他通过对资本主义列强的认真研究，破天荒地提出了"师夷长技以制夷"的战略思想，并对如何加强军队建设和实行战略防御，提出了许多真知灼见。他不仅是著名的爱国主义者，而且是对近代中国军事的发展变化具有重大影响的军事思想家和战略家。魏源的著述很多，主要有《书古微》《诗古微》《默觚》《老子本义》《圣武记》《元史新编》《海国图志》等。《海国图志》是其中有较大影响的一部，也是他作为思想家的代表作。

《海国图志》有多种版本。魏源以林则徐主持编译的《四洲志》为基础，于道光二十二年（1842年）编成50卷本，道光二十七年（1847年）扩充为60卷本，次年徐继畬的《瀛环志略》问世，魏源吸取该书和其他资料，于咸丰二年（1852年）增补为100卷本。《海国图志》内容丰富，记述了世界各国的地理、历史、经济、政治、军事、科学技术乃至宗教、文化等情况，并附有世界地图、各大洲地图和各国地图等。此书旨在唤起国人学习外国的长技，兴利除弊，增强国力，抵抗外来侵略。林则徐的《四洲志》为此书编写的重要依据。书中较系统地介绍了世界各国，特别是西方世界的历史和地理概况，并分析了鸦片战争的经验教训，探求富国强兵，反对侵略之道，提出"师夷长技以制夷"的思想，对近代中国思想界和日本思想界均有很大影响。梁启超曾赞誉说："治域外地理者，（魏）源实为先驱。"

有学者论及，在中国介绍有关世界史地知识的典籍，到近代首推《四洲志》和姚莹撰成的《康輶纪行》。《四洲志》是一部纯译作，而《康輶纪行》系合日记杂录而成。而《海国图志》，它不仅在编纂和内容上弥补了《四洲志》和《康輶纪行》等书的缺憾，而且初步形成了自己的结构和理论方法。书中征引中外古今近百种资料，系统地介绍了世界各国的地理位置和历史沿革等史地知识。所记各国气候、物产、交通贸易、民情风俗、文化教育、中外关系、宗教、历法、科学技术等，都超过了前书。所以有人誉《海国图志》为国人谈世界史地之"开山"。因为它不但详细记载外国情况，还首次从理论上肯定了研究世界史地的必要性。

《海国图志》的划时代意义，还在于给闭塞已久的中国人以全新的近代世界概念。鸦片战争爆发前，妄自尊大的清廷皇帝和显官达贵，竟不知英国在何方。《海国图志》的编写完成，打破了这种孤陋寡闻的状况，它向人们提供了80幅全新的世界各国地图，又以66卷篇幅，详叙各国史地。这样，使当时的中国人通过《海国图志》这一望远镜开眼看世界。既看到了西洋的"坚船利炮"，又看到了欧洲国家的商业、铁路交通、学校等情况，使中国人跨出了"国界"，认识了近代世界的新鲜事物。

魏源不仅重视工商业，并由经济扩展到政治，由原来对西方"坚船利炮"等奇技的惊叹发展到对西方近代资本主义民主政体的介绍。在《海国图志》中，魏源介绍和评说了西方的民主政治制度。他认为西方政治制度的优点在于：废除了世袭制和终身制，打破了封建的家天下局面，议员和总统皆自下而上地由民众选举，议会对于来自民间的意见，"众可可之，众否否之……三占从二，舍独循同"。这在当时是很有胆识的。魏源编写《海国图志》，是前人没有做过的事情，正如他自己所说，是"创榛辟莽，前驱先路"，对以后的中国思想界产生了较大影响。至此，魏源的"师夷"思想发展到了他那个时代的高峰。

《海国图志》于1851年传入日本，不久，成为朝野上下的重要启蒙读物。仅1854—1856

年间,日本刊印各种选本达 22 种之多。由于内容适合日本的需要,受到日本知识界重视,人们纷纷翻译、训解、刊刻、传播和参照。幕府志士佐久间象山著《国防论》、吉田松阴撰《读筹海篇》、梁川星岩所作《读魏默深〈海国图志〉》诗等,都是参照此书而成。他们力求从鸦片战争中吸取教训,研究西方炮术战阵,图强自救。此书不仅帮助日本人士扩大了眼界,加深对世界的了解,而且成为日本开国论者战胜锁国论者的思想武器,积极地影响了日本幕府的一代知识分子,尤其给予那些要求抵御外侮、革新内政的维新志士以启迪,从而推动了明治维新的发生和发展。但是,魏源的《海国图志》在中国几乎无人问津,这不能不说是历史的遗憾。

四、教学建议

本案例介绍了魏源编撰《海国图志》的经过及该书的主要内容。本案例适用于第一章第四节"反侵略战争的失败与民族意识的觉醒"部分的辅助教学,或用于该部分课程内容的考核。

应用本案例要结合当时的时代背景,引导学生分析魏源的《海国图志》几乎无人问津的原因,客观评价"师夷长技以制夷"的主张,理解民族觉醒是一个漫长的过程。

五、教学反思

在引用案例并初步评析案例后,学生对魏源编撰《海国图志》的背景有了进一步的理解,对《海国图志》的主要内容也有了基本的掌握。而本案例的引用,重点在让学生结合时代背景,评述林则徐、魏源的主张。这需要学生了解当时的时代背景,对"师夷长技以制夷"这一主张进行客观评价,正确认识这一主张的历史意义。

参考文献

[1] 陈其泰,刘兰肖.魏源评传[M].南京:南京大学出版社,2005.

[2] 中华书局编辑部.魏源集[M]北京:中华书局,2018.

[3] 魏源.海国图志[M].广州:文物出版社,2017.

第二章 >>> 不同社会力量对国家出路的早期探索

洪秀全与拜上帝教

一、案例描述

1814 年 1 月,洪秀全出生于广东花县(今广东省广州市花都区)的耕读世家。7 岁起在村中上学,熟读四书五经及其他一些古籍,村中父老乡亲看好洪秀全可考取功名改变家族命运,光宗耀祖,可是他屡试不中。直至 1837 年,洪秀全又一次赴考失败,回家后大病一场,一度昏迷,且在病中产生幻觉,幻见到一位老人,声称奉上天旨意,来世间斩妖除魔。1843 年,洪秀全翻出家里的一本中文布道书——《劝世良言》开始细细研读。根据书中的说法,他一一对号入座,加上自己多次考试名落孙山,再联系他在病中梦里所见到的人物和事件,自行洗礼,创建拜上帝教。

此后,他开始向亲友"宣讲拜偶像之罪恶及信拜真神上帝之要",冯云山就是其中之一。1844 年春,洪秀全、冯云山前往广西巡回传道。冯云山辗转来到广西桂平县紫荆山区继续活动,而洪秀全则回到广东家乡教书和传道。1844 年和 1845 年先后写成《百正歌》《原道救世歌》《原道醒世训》等,一方面宣传拜上帝教,另一方面揭露并批判社会的不公与黑暗。在宣传拜上帝教的同时,洪秀全还向传教士罗孝全拜师学经,深入研究基督教的仪式及组织形式。

待洪秀全再到广西之时,冯云山等人已将教众发展到数千人。在人民群众的大力支持和推动下,洪秀全决定积蓄农民力量,壮大教会组织,利用拜上帝组织伺机推翻清朝的黑暗统治。从 1847 年到 1848 年,洪秀全先后又编写了《原道觉世训》《太平天日》等文献。他认定自己是上帝之子、耶稣基督之弟,奉上帝旨意前来斩妖除魔,拯救苍生。他指出,世间"相凌相夺相斗相杀",都是"阎罗妖"的罪过,而这清朝最高统治者就是最大的阎罗妖。只有把这些违反上帝之真道的妖魔推翻,才能建立"天下一家,共享太平"的大同社会,遂号召群众起义共同歼灭阎罗妖。最终于 1851 年初发动了深远影响的金田起义,并在对清军作战的节节胜利中,于 1853 年在南京建立了太平天国政权。

资料来源:顾长声.传教士与近代中国[M].上海:上海人民出版社,2013.

二、思考讨论题

1. 19 世纪 50 年代频发农民起义的原因是什么?
2. 拜上帝教的理论来源有哪些?

三、案例解析

本文讲述了农民出身的洪秀全参加科举考试多次失利、杂糅多种因素创建拜上帝教,逐步走向反清起义并建立农民政权的整个过程。洪秀全的这些轨迹也折射出了当时封建社会末期清王朝的历史背景:阶级矛盾逐渐加深,民族危机逐渐加重,整个清王朝大厦将倾。

16—19 世纪初,中国还处于封建社会晚期的兴衰更替之时,西方资本主义已经产生且得到快速发展并不断向外扩张。特别是 1640 年英国资产阶级革命标志着世界历史开始进入资本主义时代,18 世纪中叶到 19 世纪中叶,从英国开始的工业革命迅速推广到欧美各国,使得资本主义经济得到迅速发展,殖民主义随之产生。殖民主义随着资本主义生产方式的演进而发展,是西方列强对亚洲、非洲、美洲、大洋洲等地区人民的剥削、掠夺和压迫奴役,把这些落后国家纳入资本主义世界体系,成为殖民地、半殖民地,成为他们在经济上、政治上、文化上的附庸。西方资本主义的发展及其向东方的扩张,使古老的中国遇到了空前严重的挑战和灾难,更使得封建末世——清王朝面临着极其深刻的生存危机。

此时的中国依旧处于封建社会,封建统治者奉行重农抑商政策,限制和压抑了民间工商业的发展,更阻碍了资本主义的发展。17 世纪下半叶至 18 世纪,清朝曾出现"康雍乾盛世",这个时期是中国封建社会的鼎盛时期,但同时也开始走向了封建社会的末世。特别是到了鸦片战争前夕,清王朝破败不堪,危机四伏。经济上衰颓,国势渐衰,农业生产不景气、财政拮据等。中国经济由 18 世纪的繁荣向 19 世纪中期的萧条转变,主要表现为银贵钱贱、交易停滞、商民皆困,政治上腐朽无力。早在乾隆年间就已显现的贪污腐化问题始终未得到彻底的清理,至嘉庆、道光之后,官员贪污受贿已渐至鲸吞,成为普遍现象,折射出封建制度的腐朽没落。衰落的经济和腐败的政治等各种复杂因素的综合,使得社会矛盾愈演愈烈,逐渐激化。全国诸如白莲教起义、捻军起义、少数民族起义等民变四起,给本已破败不堪的清政府以沉重一击。清政府为维护本阶级的专制统治,以简单粗暴的剿除和高压政策的处理方式更加加剧了民众与统治阶级之间的矛盾。

1840 年 6 月,英国政府以保护鸦片贸易为借口发动了对中国的侵略。这场侵略战争给中国人民带来了无尽的贫穷与黑暗,使得中国的社会性质、社会阶级关系等都发生了深刻的改变。特别是社会主要矛盾逐渐加深加剧,即中华民族与资本-帝国主义之间的矛盾、封建主义和人民大众之间的矛盾复杂交织在一起,成为阻碍中国社会进步和经济发展的巨大障碍。尤其是封建主义加重剥削和压迫以及与帝国主义相互勾结时,更是加深了人民大众对清政府的痛恨与反抗。鸦片战争后,清政府非但没有从失败中醒悟,反而依然抱残守缺,照旧维持,最终导致清政府陷入空前严重的内外危机。

中华民族面对内忧外患的悲惨境界,社会各阶级、各阶层都面临着"怎么办"的问题,他们都从各自的立场出发,提出和尝试了各自的主张和方案,开始对国家的出路进行探索,而洪秀全所领导的太平天国运动便是其中一支。1843年,正值洪秀全29岁,这是他最后一次踏上科举考场,此前他已参加多次科举考试并屡试不中。不曾想,这最后一次的科考,无论是偶像还是各路神明都没有保佑他高中。父老乡亲的寄托与科举命运多舛现实激烈的碰撞,使得洪秀全对腐朽、衰败的清政府特别是科举制度彻底失去了信心。他愤懑回到家中,偶读基督教布道书《劝世良言》,对书中抨击世风日下人欲横流的言辞产生共鸣,尤其是书中关于上帝的描述与自己曾经梦中的情节两相契合,由此产生了极强的心理暗示,认为自己是上帝派来斩妖除魔、拯救苍生、使中国信奉唯一真神上帝的人。自此,洪秀全开始全身心宣传拜上帝教,同时组织教众,终于1851年组织力量达到两万余人并于1月11日发动了金田起义,定次年为太平天国元年。太平天国起义爆发之后,起义军所向披靡,无坚不摧。1853年定都南京,改名天京,队伍由最初两万人扩大至一百万人,仅仅两年又两个月,革命风暴席卷了半个中国,这样宏大的革命,名震中外,影响极深。

本案例讲述了洪秀全将西方的基督教、本土的儒家学说、民间宗教成分糅合在一起,创建了拜上帝教。借用宣传拜上帝教不断发展教众、武装教众,最终走上反清起义的道路。

四、教学建议

本案例可用于第二章第一节"金田起义和太平天国的建立"部分辅助教学,着重用于帮助学生了解近代以来中国所处的国内外环境,认识太平天国爆发前后的历史背景,分析农民运动此起彼伏、民变四起的原因。同时,帮助同学们认识拜上帝教与农民起义之间的联系,了解太平天国的思想和理论来源。

通过对案例的使用,使学生了解太平天国思想理论的来源,认识宗教在农民运动中的意义和作用,懂得宗教虽然在农民运动中确实在一定程度上起到了凝心聚力、团结教众的作用,但这些充满宗教色彩的教义无法成为科学的、先进的思想理论武器。最终得出结论:农民阶级虽然有巨大的革命潜力,但受于阶级局限性,他们无法提出先进科学的指导思想作为思想理论武器,因而无法完成两大历史任务。

五、教学反思

鸦片战争后,中国面临着双重危机,随着资本-帝国主义的入侵,中国的民族危机和社会危机日益加深。时代的变化向中国人提出了新问题、新任务——找寻和探索国家的出路。面对时代之问,首先站出来的是农民阶级,而众多农民起义中唯有太平天国运动影响最为重大。太平天国农民运动、洪秀全与拜上帝教三者之间存在着重要关系。因此,将三者讲清楚更能够使学生清晰了解太平天国运动的来龙去脉。本案例着重讲了洪秀全创建拜上帝教并逐步走上反清起义的道路,能够很好地作为本课的辅助教学材料。通过本案例,不仅能够帮助学生充分认识洪秀全和拜上帝教,认识宗教在农民运动中的作用,还能帮助学生认识农民探索失败的原因之一是宗教思想不能代替先进的科学理论来指导革命实践。

在教学过程中,还要对历史上多次农民利用宗教进行起义的知识内容有深入的了解和认识,以便更好地讲好本案例。因此,在教学实践过程中,仍需要对农民起义及宗教相关知识有所学习。

参考文献

[1] 王建朗,黄克武.两岸新编中国近代史[M].北京:社会科学文献出版社,2016.

[2] 顾长声.传教士与近代中国[M].上海:上海人民出版社,2013.

[3] 费正清,刘广京.剑桥中国晚清史[M].北京:中国社会科学出版社,1985.

教学案例二

晚清首任驻外公使——郭嵩焘

一、案例描述

清代前期,中央政府没有处理外交事务的专门机构,俄国来使由理藩院接待,其他国家则由礼部负责。摒弃理藩院,改设总理各国事务衙门是清政府对外关系的一个重大变革,之后清政府又向其他国家派遣了一些驻外公使。其中,晚清首任驻外公使便是湘系经世派代表人物、湘军创建者之一——郭嵩焘。

郭嵩焘(1818—1891),字伯琛,号筠仙,晚年自号玉池老人,湖南湘阴人。17岁考取秀才,与刘蓉、曾国藩换帖订交,交往甚密。1847年中进士,选翰林院庶吉士。1854年至1856年作为曾国藩的幕僚,在组建湘军、与太平军交战等方面给予曾国藩很大帮助。其间,他为给湘军筹措军饷,曾游历上海,会见英、法等国领事,参观洋行和火轮船,访问外籍主办的墨海书馆,亲身接触到西方资本主义的近代文明,思想颇受触动。

1875年,云南发生"马嘉理案"(英国驻华使馆翻译官马嘉理在云南被杀),英国以此要挟中国,要求中国派遣大员亲往英国道歉,清政府最后决定派郭嵩焘赴英"通好谢罪"。8月,清政府加授郭嵩焘为出使英国大臣,这也是中国历史上第一位驻外使节。消息传出,郭嵩焘顿遭众人奚落,一些守旧的人甚至视他为"汉奸"。他不顾旁人的诟骂,于1876年12月由上海启程前往英国。途中经过了香港、新加坡、锡兰(今斯里兰卡)等地,游览了各地名胜古迹,参观了学校、官署,深入了解了当地的社会现状并作了详细记录,编成了《使西纪程》,称赞西洋"政教修明,具有本末",批评中国士大夫不明时势,只知一味负气自矜,虚骄自大,无补于世。此书寄回国内后,遭守旧派群起而攻之,最终毁版停印。1877年1月,郭嵩焘抵达伦敦,开始了他的外交生涯。不久,他又被任命出使法国大臣,常往来于伦敦、巴黎之间。

他经常走访学校、图书馆、博物馆和各种学会等,结识了不少数学、化学、天文、地理、海洋、测量、植物、医学等各方面的科学家。作为驻外公使,郭嵩焘尽其所能维护中国的权益,很多事情都能据理力争,维护和挽回了一些民族权利。

郭嵩焘在北京受命前往英国时,总理各国事务衙门不顾他的反对,硬是委派一个反对西学的刘锡鸿担任副使,以至于郭嵩焘时时事事受制,甚至他在英国学外语、穿西服、起立迎客等举动,都被刘锡鸿视为有辱天朝威严,对郭多加诋毁,并报告总理各国事务衙门。刘锡鸿指责郭嵩焘的罪状,不仅是鸡毛蒜皮,而且都合乎国际礼仪。国内顽固派亦强烈响应,翰林院编修何金寿参劾他"有二心于英国,想对英国称臣"等语,要求将郭嵩焘撤职。在这种情形下,郭嵩焘势单力孤,只得自行引退,奏请因病卸任。1879年,郭嵩焘与继任公使曾纪泽办理完交接事务后,黯然回国,称病回籍,径回故乡。当时湖南排外守旧风气很盛,大骂郭嵩焘"勾通洋人"的标语贴在大街之上,上至巡抚,下至地方士绅,都对他有敌意。郭嵩焘就在这样压抑的氛围中,走完了人生的最后旅程,于1891年7月病逝,终年73岁。

他去世后,李鸿章曾上奏为郭嵩焘立传,并请赐谥号,但未获朝廷旨准。清廷上谕再次强调:"郭嵩焘出使外洋,所著的书籍,颇受外界争议,所以不为其追赠谥号。"

资料来源:王建朗,黄克武.两岸新编中国近代史[M].北京:社会科学文献出版社,2016.

二、思考讨论题

1. 通过案例学习,分析洋务运动失败的原因是什么?
2. 通过案例分析洋务派把"中体西用"作为指导思想的原因。

三、案例解析

《清史稿》里面提到这样一个人:中国遣使,始于光绪初。嵩焘首膺其选,论交涉独具远识。晚清重臣李鸿章也曾经评价他:当世所识英豪,与洋务相近而知政体者,以筠仙(郭嵩焘号)为最。他就是晚清首任驻外公使——郭嵩焘。他是近代洋务思想家,是中国职业外交家的先驱。本案例讲述他的一生经历跌宕起伏,其命运与国运同沉浮,鲜明地反映出时代特征。郭嵩焘痛恨闭关自大,力主开眼看世界,是超越时代的先行者,生前没有知音,没有同道,势单力孤。他主张学习西方的蓝调文明,却面对重重阻力,他的坎坷经历与困难挫折同样反映了晚清洋务事业的艰难与蹒跚,从中我们也不难看出洋务运动难逃失败的厄运。

经过两次鸦片战争和以太平天国为首的农民起义的打击,清政府面临着严重的内外交困。一部分开明的官僚开始认识到西方坚船利炮的威力,为了解决内忧外患,实现富国强兵,以维护封建专制统治,开始倡导学习西方先进技术。这一类以恭亲王奕䜣为主的人统称为洋务派。洋务派在国内轰轰烈烈地搞了一场具有局限性的近代化运动,历经35年的洋务运动,虽然办起了一批企业,建立了强大海军,但它却没有使中国真正富强起来。1895年中日甲午战争中国战败,特别是洋务派经营多年的北洋海军全军覆没,标志着以"自强""求富"为目标的洋务运动的失败。

郭嵩焘出使英法处处受到阻挠与非议以及他的一生坎坷,让我们不得不认识到洋务运动面临着相当大的阻力。为了减少洋务事业的障碍,洋务派在具体操作上也对洋务事业做出了些许让步,特别是指导思想——"中体西用"的提出。"中学为体,西学为用"表明洋务运动与本国封建主义传统文化的关系,也表明中学与西学各自在洋务运动中的地位。之所以中体西用,除了阶级属性的限制外,一个重要原因是洋务事业受到了顽固守旧势力的百般阻挠。然而,新的生产力是同封建主义生产关系及其上层建筑不相容的,资本主义经济和教育是不可能在封建主义的桎梏下充分地发展起来的。他们既想培养新式人才,又不愿改变科举制度,既要发展近代企业,却又以各种手段压制民族资本,甚至直接干涉民族企业,带有浓厚的封建性。例如,洋务派创办的企业在管理上基本是封建衙门式的,机构臃肿,人浮于事。一些民用企业也完全没有自主权,政府派遣的管理人员把持一切,各种官场陋习充斥其中。此外,还有顽固守旧势力的百般阻挠,阻碍了洋务事业的正常进度。凡此种种,洋务事业何以正常发展?

另外,西方列强并不希望中国真正富强起来,他们依据不平等条约所带来的种种特权,从政治、经济等各个方面加紧对中国的侵略和控制。而洋务派所兴办的企业一切仰赖外国,他们企图依赖外国来达到求强求富的目的,无异于与虎谋皮,相反进一步使其沦为西方列强的附庸。即使容许中国发展一些近代企业,也是为了更有利于它们倾销商品、掠夺原料和输出资本,这就决定了洋务运动不可能真正得到西方列强的支持。

此外,洋务派不仅受到顽固势力和西方列强的干扰,其内部也分为若干派系,互相斗争。逐渐形成了以奕䜣、曾国藩、李鸿章、左宗棠、张之洞为首领的几个洋务派集团。他们都希望在其统治区内经营起庞大的洋务企业,作为自己的资本。即使迁调他省,他们仍然遥控指挥原来的企业。

正因为如此,洋务运动不可能为中国摆脱贫弱找到出路,也难以避免最终失败的命运。

四、教学建议

本案例可用于第二章第二节"洋务运动的失败及其原因"部分辅助教学。通过学习我国近代对外设立驻外使节的过程,认识顽固守旧势力对近代西学的百般阻扰,帮助学生理解和掌握洋务运动的背景、进程及失败的原因。

在使用该案例过程中,应注意使学生认识到开眼看世界的重要性,了解近代西学的艰难与不易,尤其是本案例中郭嵩焘前往英国途中据所见所闻而编著的书籍并未获得广大认可,相反出现众多反对声音。在出使英法期间,他的所作所为甚至衣食住行、日常举止都要受到顽固守旧势力的百般刁难。这使得我们不难想到折中的"中体西用",亦或是洋务派的阶级属性,这些都是导致洋务运动失败的重要原因。通过案例的分析,引出洋务运动失败在所难免。最后得出结论,洋务运动不可能为中国摆脱贫弱找到出路,也难以避免最终失败的命运。

五、教学反思

在内忧外患的影响下,一些地主阶级洋务派开始积极探索以巩固封建专制统治为目的的洋务运动。本案例讲述的是近代洋务思想家郭嵩焘出任驻外大使途中根据所见所闻著书受到排斥,以及在整个驻外过程中不断受到顽固守旧势力阻挠等行为阻碍东西方的交流。通过案例使同学们深刻认识洋务运动整个进程困难重重,尤其是顽固守旧势力的阻挠。此外,通过郭嵩焘前往英国"谢罪"事宜,也可以联系洋务运动对列强具有极强的依赖性。以上种种都是洋务运动失败的原因。可以通过本案例加深对洋务运动失败原因的理解和掌握。

在教学过程中,需要厘清郭嵩焘与洋务派其他人之间的人物关系,更好地认识郭嵩焘的思想;要对一些基本的外交礼仪有所了解,更好地认识近代中西方文化的交流与碰撞;要对洋务派和守旧派所持的思想和观点有所认识,更好地掌握洋务运动失败的原因。

参考文献

[1] 李捷.《中国近现代史纲要》辅导用书[M].北京:高等教育出版社,2020.
[2] 王建朗,黄克武.两岸新编中国近代史[M].北京:社会科学文献出版社,2016.
[3] 费正清,刘广京.剑桥中国晚清史[M].北京:中国社会科学出版社,1985.

教学案例三

康、梁脱难与六君子就义

一、案例描述

戊戌变法是中国近代史上一次资产阶级性质的政治改良运动,更是一次思想启蒙运动,这次变法促进了思想解放,并且对思想文化的发展和推动中国近代社会的进步起了重要作用。戊戌变法从 1898 年 6 月 11 日开始实施,其主要内容涉及政治、经济、军事和文化教育等各个方面。由于变法损害到了以慈禧太后为首的守旧派的利益,因而遭到强烈抵制与反对。经过密谋策划,守旧势力于 1898 年 9 月 21 日发动政变,慈禧太后以"训政"的名义,重新独揽大权,将光绪皇帝软禁于中南海瀛台,同时下令搜捕维新人士。早在 9 月 18 日这天,得知情况不妙的康有为"欲乞友邦进忠告",而英国驻华公使已去北戴河;深夜派遣谭嗣同劝说袁世凯,袁世凯又借词推脱;9 月 19 日求伊藤博文向太后进言,伊藤伴诺之态,使康亦不能寄予厚望。康有为知大势已无可挽回,于 9 月 20 日天未明出京,辗转到达香港。梁启超躲进日本公使馆,谭嗣同劝说梁启超东游日本,并把自己所作的诗文和书稿交给了梁启超,欲以死报国。9 月 22 日,梁启超断发洋装,在日本人的掩护下秘密到达天津。之后康、梁二人脱离险境,逃避大难,在日本重逢相聚,继续救国之业。谭嗣同本来有机会逃走,但他说:"各国变法,无不从流血而成,今中国未闻有因变法而流血者,此国之所以不昌也,有之请自嗣同始。"决心为变法而死。1898 年 9 月 28 日,康广仁、杨深秀、杨锐、林旭、刘光第、谭嗣同等六人被押至菜市口刑场,观者万人,最终六人惨遭刽子手杀害,史称"戊戌六君子"。梁启超对以上六人表示沉痛的惋惜，对于清政府这种残害志士的暴行进行了指责："究之诸人所犯何罪，则犯罪者未知之，治罪者亦未知之，旁观者更无论也。""六君子"的死，惊天地，泣鬼神，红色鲜血洒满了整个刑场。事后，清朝政府随即又罢免数十名支持维新派的官员，除京师大学堂外，全部新政均被废除，戊戌变法宣告失败。经过这样悲壮一幕，多少中国人开始醒悟，鲜血淋漓的教训促使一部分人放弃改良主张，开始走上革命的道路。

资料来源：王建朗，黄克武. 两岸新编中国近代史[M]. 北京：社会科学文献出版社，2016.

二、思考讨论题

1. 如何认识戊戌维新运动的意义与失败？
2. 西方列强对维新运动的态度是什么？

三、案例解析

本案例讲述了戊戌变法失败，康、梁避难，维新人士遭到逮捕，特别是康广仁、杨深秀、杨锐、林旭、刘光第、谭嗣同等六人英勇从容就义的悲壮历史事件。从维新运动触动守旧势力的利益到维新即将失败，康有为求助西方列强得到的敷衍等种种皆可看出戊戌维新运动难以逃脱失败的厄运。据此，我们也不难分析出失败的原因及教训。

鸦片战争以来，随着西方势力对中国入侵不断加深，中国与西方之间的"交流"逐渐增多。特别是甲午中日战争是我国近代史上一个重大的事件，一方面它加深了民族危机，恶化了阶级矛盾；另一方面，随着战后经济、政治等各方面状况的急剧变化，中西间的差异与社会发展进程上的差距为越来越多的人所关注所认识。我们的弊端和缺陷一次又一次暴露出来，中国人民为救亡图存、寻找出路而大胆改革和革命也接踵而来。严格意义上讲，维新运动既是甲午战败后的时局逼出来的，也是漫长的心理、思想积累的结果。特别是清政府求和拒武及签订《马关条约》致使国内一片哗然，变法诉求呼声很高，形成一种维新思潮，清政府最高权力层不能不作出变法维新的决定。这个决定的作出非但未达成统治阶层内部的高度统一，反而存在着巨大的阻力和制约，这集中表现在维新派与顽固派之间的斗争、慈禧太后与光绪皇帝之间的权力之争、联英日与联俄之间等方方面面的矛盾。随着变法进入高潮之后，原本存在的矛盾逐渐激化且变得极为尖锐，日益加深。康、梁等人以躁进的姿态鼓动无实权、无政治斗争经验的光绪帝脱离客观实际，试图尽快取得成果，这种冒进的方式不仅不能成功，反而会引起剧烈的社会动荡和心里不安，也最终使得慈禧再次出山执掌全权。1898 年 9 月 21 日，经过密谋策划，守旧势力发动政变，慈禧太后以"训政"名义，重新独揽大权，将光绪帝软禁于中南海瀛台，同时下令搜捕维新人士，最终戊戌维新运动宣告失败。

在本案例中，我们可以看到守旧势力的阻挠，同时认识到西方列强的敷衍了事，也不难看出以康、梁等人为代表的资产阶级维新人士力量的软弱，这些都是导致变法失败的重要原因。

客观来讲，本次变法失败主要是由于以慈禧太后为首的强大守旧势力的反对。首先，维新派代表毕竟占少数，且没有严密的组织，没有实权和军队，也没有人民群众的大力支持。把希望寄托在一个没有实权的光绪帝身上，是难以取得成功的。反观守旧势力，无论是人事、财政还是武装力量都紧握在手，单从这几点来说，手无缚鸡之力的维新人士根本不是守旧势力的对手，失败也是注定之局。

主观来看，此次变法失败的原因还是要从维新派自身的局限性说起。首先，不敢否定封建主义。维新派虽然提倡西学，但为了减小变法阻力，借用孔子的权威，打着"托古改制"的旗号开展活动。他们想发展民族资本主义，却未触及封建土地所有制，也没有提出颁布资产阶级宪法等条款，在百日维新各项举措中也未见开国会、设议院、实行君主立宪等内容。这些都显示出民族资产阶级的软弱性和妥协性。其次，对帝国主义抱有幻想。变法之前，西方列强为了在华利益，曾虚伪表示帮助变法的意愿。但当变法即将破产之时，康有为四处求走于列强之间，却是求天天不应，叫地地不灵，天真幻想最终落空。最后，维新派脱离和惧怕人民群众。千古一训水能载舟，亦能覆舟，特别是太平天国的实践表明，人民群众的力量是极其伟大的。但维新派一不发动群众依靠群众，二不为人民群众的利益着想，所有的变法措施没有一项涉及农民的土地问题，甚至把人民群众置于自己的对立面，这样一场变法运动注定以失败而告终。

戊戌维新运动结局很悲惨，也给人们以警醒作用。在半殖民地半封建的中国，企图通过统治者走自上而下的改良道路，是根本行不通的，必须用革命的手段，推翻帝国主义、封建主义联合统治的半殖民地半封建的社会制度。血淋淋的变法教训，使得一部分人放弃改良主张，开始走上革命的道路。

四、教学建议

本案例可用于第二章第三节"昙花一现的百日维新"部分的辅助教学，可帮助同学们了解戊戌政变的过程、戊戌六君子的由来，通过案例来分析维新运动的历史背景及失败的原因。

要特别注意发挥学生的积极性和主动性，引导学生思考为什么会出现戊戌政变，引导学生在案例中寻找维新运动失败的原因及教训。

五、教学反思

《马关条约》的签订，致我国的半殖民地半封建社会进一步加深，民族危机加重，阶级矛盾加剧，同时推动中国人民为救亡图存而掀起的改革逐渐由酝酿走向了实施。1898 年 6 月 11 日起，以康有为、梁启超为代表的维新派人士通过光绪帝进行倡导学习西方，提倡科学文化，改革政治、教育制度，发展农、工、商业等的维新变法运动。由于变法损害到顽固守旧势力的利益，因而遭到强烈抵制与反对。1898 年 9 月 21 日，慈禧太后发动戊戌政变，光绪帝被软禁，康有为、梁启超分别逃往国外，谭嗣同等六位志士被杀，戊戌变法失败。本案例讲述的就是戊戌政变及六君子遇害的大致过程，能够很好地作为本讲的辅助材料。通过对案例的学习，不仅能帮助学生了解维新运动的历史背景、维新思想的宣传及变法过程，还能引导学生掌握变法失败的原因及教训。

　　在本案例的学习过程中,也可拓展学习政治学相关知识。特别是对国体、政体概念的认识,弄清楚资本主义的政权组织形式,帮助学生认识君主立宪制,掌握此次变法改革的相关内容。

参考文献

［1］王建朗,黄克武.两岸新编中国近代史［M］.北京:社会科学文献出版社,2016.

［2］宋进,曹景文.《中国近现代史纲要》教学案例［M］.上海:中西书局,2014.

［3］费正清,刘广京.剑桥中国晚清史(下卷)［M］.北京:中国社会科学出版社,1985.

辛亥革命改变的十大社会风俗

一、案例描述

1. 剪掉辫子：男人从此改头换面

1912年3月5日，大总统孙中山令内务部晓示人民一律剪辫。当时，革命党人视蓄辫为清王朝的恶政，是满洲贵族奴役汉人的象征。"剪辫文"规定："凡未去辫者，于令到之日，限20日一律剪除净尽。有不遵者违法论。"那时候，各地都掀起剪辫风潮。有诗说："城市少年好事徒，手持快剪伺于途。瞥见豚尾及锋试，道旁观者拍手呼。"失去辫子，人们一时难以适应这种变化，于是，时兴起戴帽子。名扬四海的盛锡福帽店就创建于1912年。据说，当时盛锡福日夜赶制帽子，仍然供不应求。

2. 不再缠足：女人终于可以大步走路

1912年3月13日，大总统孙中山令内务部通饬全国各省劝禁女子缠足，"劝禁缠足文"指出："当此除旧布新之际，此等恶俗，尤宜先事革除，以培国本。"从此，女子缠足恶俗逐渐废绝。缠足，在中国古代文献中便有记载，不过那时只存在于个别"舞人"中。自五代南唐后主令宫人以帛缠足，舞莲花中，由是人皆效之。而自宋以后，随着纲常礼教束缚的加强，缠足便成为妇女应该普遍遵守的规矩。因此，放足也就成为妇女从封建桎梏中解放出来的重要标志之一。在此以前，虽有个别的志士仁人提倡天足，维新派也曾在许多地方设立禁缠足会，但像临时政府这样自上而下大规模地禁止缠足，却是历史上没有过的事。

3. 换新衣服：中山装替代了小马褂

辛亥革命后，孙中山总感到西服式样烦琐、穿着不便，而中国传统的长袍马褂又不能充分体现中国人民奋发向上的精神面貌。于是，他以当时日本流行的学生制服为基样，请裁缝设计制作了一套新式服装，上衣把立领改成直翻领，前身开四个口，装上四个兜，每个兜上加一个"倒山形"的兜盖；裤子前面开缝，用暗纽，左右各有一个大暗兜。这套新式服装就叫"中山装"。它的最大优点是实用、方便、美观,衣兜里可以放钢笔、笔记本等用品。中山装很快受到群众的普遍欢迎,后来成为中国官方的礼服。

4. 改称谓:不再叫"老爷"请叫"先生"

资产阶级革命派要求保持着形式上的平等,而反对封建制度一切形式上的不平等。因此民国官民之间、上下级间、人民之间如何称谓,孙中山也非常重视,他在以大总统名义颁布的命令中说:"官厅为治事之机关,职员乃人民之公仆,本非特殊之阶级,何取非分之名称。查前清官厅视官等之高下,有大人老爷等名称,受之者增惭,施之者失体,义无取焉。光复以后,闻中央各地方官厅,漫不加察,仍沿旧称,殊为共和政体之玷。嗣后各官厅人员相称,咸以官职,民间普通称呼,则曰先生,曰君,不得再沿前清官厅恶称。"

5. 男女无别:可以一起坐车还能牵手逛街

旧时达官贵人、士绅商贾多以轿子"肩舆"代步,男女不同乘。辛亥革命之后,坐新交通工具成为时髦,男女同车而行亦为时髦,最终解构了轿子所形成的隐性社会等级秩序。当时的上海,"有乘各式汽车、马车、电车者,有乘轿者,有徒步者,有男女携手同行者,有男女同车左拥右顾疾驰而过者"。至此,虽有力挽旧秩序、护"舆制"官威者指斥为有伤风化,亦已无力回天。

6. 公元纪年:采用阳历与世界接轨

孙中山当选大总统后,很快提出改用阳历案。当时有人反对,说:孔子主张"行夏之时"。孙中山说:孔子是殷的子孙,他反对周历,可当时又不能提出用殷历,所以才主张"行夏之时"。我们的始祖轩辕氏以冬至为岁首,而现今世界流行的阳历,以冬至后第十日为岁首,两者相近,还是用阳历比用夏历好。最后,多数代表赞成孙中山的意见,通过了改用阳历的提案。

7. 禁除鸦片:再也不做"东亚病夫"

中国资产阶级革命派是坚决的禁烟派。孙中山以临时大总统名义发出的严禁鸦片令中说:"鸦片流毒中国,垂及百年,沉溺通于贵贱,流衍遍于全国,失业废时,耗财殒身,浸淫不止,种姓沦亡,其祸盖非敌国外患所可同语。"他"为此申告天下,须知保国存家,匹夫有责,束修自好,百姓与能,其有饮鸩自安,沉缅忘返者,不可为共和之民,当咨行参议院于立法时,剥夺其选举被选一切公权,示不与齐民齿,并由内务部转行各省都督,通饬所属官署,重申种吸各禁"。他还提出要求说:"尤望各团体讲演诸会,随分劝导,不惮勤劳,务使利害大明,趋就知向,屏绝恶习,共作新民,永雪亚东病夫之耻,长保中夏清明之风。"

8. 不冉三妻四妾:一夫一妻流行起来

辛亥革命冲破了封建宗法,带来了婚姻观念的变革。三妻四妾不再受法律保护,爱情至上成为年轻人的追求。中国人传统的封建婚姻家庭是包办、买卖、强迫性质的,辛亥革命主张婚姻自由。首先提出的就是爱情,婚姻成为自主感情的一部分,批判封建的贞洁观,允许离婚。过去那种由父母安排的、媒婆介绍的,甚至买卖的、包办的婚姻都废除了,一夫一妻变成一种时髦。这是一个非常大的进步,要求婚姻有自主能力,这个要求不仅要求男人,还要求女人,文绣登报与溥仪皇帝离婚的新闻是当时的头等大事,轰动一时。一夫一妻和婚姻自由的观念深入人心,婚礼从形式到内容也明显接受了新式风习,人们把这种新婚俗称作"文明结婚",并最终形成现代婚礼仪式的雏形。

9. 不再跪拜:平等就是不要卑躬屈膝

跪拜之礼,是一种提倡愚忠愚孝的封建礼节,反映了人格上的极不平等。而这种礼节和资产阶级的人权说是不相容的。因此,在南京的各省代表会议上,孙中山即提出废止跪拜礼,规定普通相见为一鞠躬,最敬礼为三鞠躬。这一提议得到全体代表的赞成通过。此后,鞠躬礼便逐步流行开来。

10. 改良新剧:女伶也可以参加公演

辛亥革命期间,新剧是资产阶级民主派宣传革命思想的有力武器。民国初年,孙中山挥毫书写了"改良新剧"四个大字,赠给新剧艺术家黄喃喃,促进了戏剧事业的发展。那时,北京剧坛很保守,旦角一律由男的扮演,根本不许女人登台演戏。天津离北京很近,由于它被辟为商埠,受西方文化影响,早在辛亥革命以前,那里就涌现出一批女伶。1912 年,著名京剧演员俞振庭借改良新剧的东风,邀请天津女伶赴京献艺,开女伶在北京剧坛公演的先例。随后,一批又一批的女伶进军京城,给北京剧坛带来了崭新的气象。

资料来源:西木泽. 旧中国十大社会风俗,自辛亥革命彻底改变. [DB/OL]. (2021 - 01 - 07)[2022 - 09 - 07]. https://www.163.com/dy/article/FV9EKVJ60521RRV8.html.

二、思考讨论题

为什么社会会发生如此大的变化?

三、案例解析

民国初年社会风俗的革新,比以往任何一个时候都要深刻和广泛。这些变化不仅改变了社会风气,也有助于人们的精神解放。

中国传统的社会习俗具有浓厚的封建等级色彩,近代以来随着时代的不断发展进步,社会习俗也在悄然发生变化,而作为反封建性质的辛亥革命,对中国近代社会习俗的变化起了极大的推动作用,有的还用法令的形式加以推行(如禁止缠足、剪发辫等)。从这点来看,辛亥革命不仅是一场资产阶级的政治革命,还是一次使中国在社会习俗方面融入世界的社会革命。

辛亥革命推翻了清王朝,结束了中国两千多年的封建专制制度,使得中国人民在政治上、思想上的民主主义觉悟空前提高。辛亥革命建立民国,新的政权推行了一系列民俗方面的新政,其中的一些民间风俗一直到现在仍在影响着中国人的生活。打破了旧的封建体制,面对着一个全新的时代,那时的中国人体会的是一个完全陌生又充满惊奇的世界。

西式风俗文化已在中国逐渐成形,中俗西化的现象比较普遍,其特征表现主要有以下四个方面:一是中国传统的士、农、工、商的价值评定秩序已被打乱,重商思潮深入人心,商业已被社会肯定为国计民生的根本所在。二是具有丰富性和多样性的特点。中俗西化的丰富性和多样性,一是指西俗自身就丰富多彩,具有"国俗"之别,二是指涉西化的中国风俗的面较广,几乎涵盖了各相关领域。三是中俗西化是有"度"和"量"的限制的。这里的"中俗"只是指一部分中国传统风俗,而绝非全部。这样中俗西化的结果是中俗西俗在很多方面彼此交流、共存共容。

四、教学建议

本案例适用于本章导入部分的教学。通过学习本案例,学生能够了解辛亥革命带来中国风俗观念的一系列新变化,激发学生学习兴趣。认识到我们现在的一些习以为常的生活习惯是源自于此,引导学生理解辛亥革命不仅仅是政治体制上的革命,也是个人生活上的革命,对旧民主主义革命产生的影响有感性的了解。

在讲授本案例的同时,教师应详细向学生介绍辛亥革命前后人民的生活状况,可引用一些更为具体的案例。再者,可向学生阐释辛亥革命改变的那些民间风俗习惯影响至今,让学生从实际生活中感受辛亥革命的影响。

五、教学反思

历史的呈现更为鲜活,让我们直观地感受到社会风俗的改变。

此案例能作为第二章和第三章的一种衔接,让学生了解到辛亥革命的社会原因,对辛亥革命的成功原因有所启发和了解。另一方面,也提升学生对辛亥革命时期的感性认识。

但在案例的呈现上无法面面俱到,另外,由于课时原因只能作为补充。

参考文献

[1] 习近平.在纪念辛亥革命110周年大会上的讲话[N].人民日报,2021-10-10(02).

[2] 顾希佳.现代化进程中的风俗变迁[J].社会科学战线,1999(05):241-247.

[3] 陈旭麓.近代中国社会的新陈代谢[M].北京:中国人民大学出版社,2012.

| 教学案例二 |

溥仪:《我的前半生》

一、案例描述

爱新觉罗·溥仪是清朝末代皇帝,也是中国历史上最后一个皇帝。在他的自传《我的前半生》中,他以模糊的记忆回忆了退位的经过:

光绪三十四年十月二十日的傍晚,醇王府里发生了一场大混乱。老太太不等听完儿子带回来的懿旨,先昏过去了。王府太监和妇差丫头们灌姜汁的灌姜汁,传大夫的传大夫,忙成一团,那边又传过来孩子的哭叫和大人们的哄劝的嘈杂人声。新就位的摄政王手忙脚乱地跑出跑进,一会儿招呼着随他一起来的军机大臣和内监,叫人给孩子穿衣服,这时他忘掉了老太太正昏迷不醒。一会儿被叫进去看老太太,又忘掉了军机大臣还等着送未来的皇帝进宫。这样闹腾了好大一阵儿,老太太苏醒过来,被扶送到里面去歇了,这里未来皇帝还在"抗旨",连哭带打地不让内监过来抱他。内监苦笑着看军机大臣怎么吩咐,军机大臣束手无策地等摄政王商量办法,摄政王只会点头,什么办法也没有……

家里的老人给我说的这段情形,我早已没有印象了。老人们说,那一场混乱后来还亏着乳母给结束的。乳母看我哭得可怜,本能地拿出奶来喂我,这才止住了我的哭叫。这个卓越的举动启发了束手无策的老爷们,军机大臣和我父亲商量了一下,决定破例地由乳母抱我一起去,到了中南海,再交内监抱我见慈禧太后。

我和慈禧这次见面,还有点模糊的印象。那是由一次强烈的刺激造成的印象。我记得自己忽然陷入了许多陌生人之间,没有了嬷嬷,也没有了我习惯了的那间屋子,尤其可怕的是在一个阴森森的帏帐中,露出一张瘦削的老太婆的脸,丑得要命。据说我一看见慈禧这副病容,立刻号啕大哭,浑身哆嗦不止。慈禧看我哭了,叫人拿冰糖葫芦给我,不料我一把拿过来就摔到地下,连声哭喊着:"要嬷嬷!要嬷嬷!"弄得慈禧很不痛快,说:"这孩子真别扭,抱到哪儿玩去吧!"

我入宫后第三天,慈禧去世,过了一个多月,即十二月初二这天,举行了登基大典。我后来听人说,这个大典又被我哭得大煞风景。

大典在太和殿举行。所谓登基,就是我父亲扶着我坐在宝座上,接受王公大臣文武百官的朝贺。在大典之前,照章要先在中和殿接受领侍卫内大臣们的礼(在大典上他们站列两侧,不便与文武百官一起朝贺)。我被他们折腾了半天,加上那天天气奇冷,因此,当他们把我抬到太和殿,又把我放到又高又大的宝座的时候,这就超过了我的耐性的最后限度,这就难怪我放声大哭。我父亲单膝侧身跪在"宝座"下面,双手扶我,不叫我乱动,我更挣扎着哭喊:"我不挨(待)这儿!我要回家!我不挨这儿!我要回家!"父亲急得满头是汗,而文武百官行的是三跪九叩礼,磕起头来没完没了,我的哭叫也越来越响。我父亲只好哄我说:"别哭别哭,快完了,快完了!"

典礼结束,文武百官可就窃窃私议起来了。"王爷怎么可以说什么'快完了'呢?""说要回家可是什么意思啊?"……一切的议论,都是垂头丧气的,好像人人都发现了不祥之兆。

后来有些笔记小品里提起过这件事。有一本书里加枝添叶地说,我是在钟鼓齐鸣声中吓哭了的,又说我父亲在焦急之中,拿了一个玩具"虎小儿"哄我,才止住了哭。其实,那次大典因为处于"国丧"期,丹陛大乐只设而不奏,所谓玩具云者更无其事。不过说到大臣们都为了那两句话而惶惑不安,倒是真事。有的还说,不到三年,清朝真的完了,要回家的也真回了家。可见,当时说的句句是谶语,大臣们早是从这两句话得到了感应的。

事实上,真正的感应不是来自偶然而无意的两句话。如果翻看一下当时历史的记载,就很容易明白文武百官王公大臣们的忧心忡忡和忌讳百端是从哪里来的。只看《清鉴纲目》里关于我登基前一年间的大事提要就够了:

光绪三十三年,秋七月。广州钦州革命党起事,攻陷阳城,旋被击败。

冬十一月。孙文、黄兴合攻广西镇南关(现改名睦南关)克之,旋败退。

谕:禁学生干预政治及开会演说。

三十四年,春正月。广东缉获日本轮船,私运军火,寻命释之。

三月。孙文、黄兴遣其党攻云南河口克之,旋败退。

冬十月,安庆炮营队官熊成基起事,旋败死。

资料来源:爱新觉罗·溥仪.我的前半生[M].北京:东方出版社,2019.

二、思考讨论题

为什么一句不经意的哄孩子的话能让清廷如此紧张?

三、案例解析

《我的前半生》是爱新觉罗·溥仪的自传,溥仪从自己的家庭背景写起,回顾了他在入宫做了皇帝、遭遇辛亥革命、清帝退位、民国成立、北洋军阀混战、出宫、客寓天津、做"满洲国"皇帝、逃亡,直至解放后接受改造,成为普通公民的全部历史。他的写作既是个人的历史书写,也由于他的特殊的历史地位,全方位地再现了20世纪上半期中国社会所发生的历史变迁。

溥仪在书中记载了自己幼年在紫禁城衣食无忧的生活。他一个五岁的孩子,一个月要用掉八百一十斤肉和二百四十只鸡鸭,这还不算其他蔬果点心的开销,一个月做了皮袄十一件,皮袍褂六件,皮紧身二件,棉衣裤三十件,而紫禁城外,人民颠沛流离,华夏大地满目疮痍,法度废弛,国土一天天沦丧。皇室的骄奢简直令人瞠目结舌。溥仪说自己和王室为了死后灵魂可以成佛成仙,连一只蚂蚁都舍不得打死,然而却对身边的太监大臣任意凌辱,为了自己的快乐,可以让年迈的臣子跪地不起,可以杖毙太监,可以用冷水呲向大臣,将自己的快乐建立在别人的痛苦之上,"恩足以及禽兽而功不至百姓"。

溥仪登基大典时发生的小插曲是一段趣谈,但可以让我们从中得到的启示是,任何的王权,任何的权势,都是过眼云烟。王朝的统治,其实是建立在民意身上,没有民意支持,再多的王权都是一场梦。清王朝的统治者只顾自己的权力,不管老百姓的民意,最后,只能落幕。

作为中国的末代皇帝,一个王朝的终结见证者,经历了封建社会到社会主义社会的巨大转变,从一个至高无上的位置到人人平等的新社会,经历着这一切的变化,溥仪的内心到底经历了怎么样的思想波澜,他又是以怎样的心情来迎接之后的变迁,来打破自己祖祖辈辈所遵循的东西,其内心一定经历了非常深刻的自我重建,这个过程,有可能是悲凉的。

四、教学建议

本案例可用于第二节"辛亥革命与中华民国的建立"导入部分教学。通过本案例能够引发学生思考"清政府灭亡的根本原因是什么"。了解其根本原因在于专制的社会制度,晚清王朝对内阻碍经济发展,荼毒百姓,对外不能捍卫国家主权。一个腐朽没落的王朝是没有办法肩负起民族复兴重任的。深刻认识到作为末代皇帝的溥仪,他本身也是没有自由选择的权力,是被"决定"的,而此种"失去自由"的情况,是衰落的制度和文化决定的。

在教学过程中,在讲完辛亥革命武装起义推翻了清政府统治后,教师可以呼应导入部分的问题,得出"民心即天命"的结论,使学生直观认识到清政府覆灭的必然命运。

五、教学反思

了解关键人物是学习近代史的核心。爱新觉罗·溥仪作为清朝的末代皇帝,他的一生是极富戏剧性的,同时由于那个乱世,溥仪的生命历程同时也是十分复杂的。研究溥仪的历史的社会意义主要是:供人们研究那段动荡的年代和社会历史变迁下一个特殊个体的心理变化与个人经历;为我们研究那个时代提供了宝贵可信的第一视角资料;帮助我们反思封建制度和帝国主义制度对人类的危害(溥仪在退位后还担任过日本扶植下的伪满洲国"皇帝")。新中国成立后,周恩来总理对溥仪十分照顾,溥仪也变成了一名普通公民,此前经历过革命和新思想洗礼的他,内心也发生了很多转变,这也让我们看到了一个普通人内心的挣扎与觉醒。

可以通过了解溥仪来了解封建制度最后湮灭这个标志性事件的全过程,同时通过研究这位生活年代贯穿中国颇为动荡年代人物的一生,来窥视那段岁月。最后,我们也能从他身上看到人性的挣扎、觉醒与赎罪。

参考文献

[1] 爱新觉罗·溥仪.我的前半生[M].北京:东方出版社,2019.

[2] 方继孝.末代皇帝溥仪《我的前半生》成书始末[J].关东学刊,2018(02):157-173.

[3] 马春景."复"和"杂"的写作——溥仪《我的前半生》的成书历程[J].文学评论,2018(04):169-178.

教学案例三

袁世凯的皇帝梦

一、案例描述

北京城早就流传着"西山十戾"的民间神话。说北京西山有十个修炼成精的妖怪,投胎人世,做了清朝开国以来一直到目前的当权人物。这十个妖怪是熊、獾、鸱鸟、狼、驴、猪、蟒蛇、猴子、玉面狐、癞蛤蟆。它们托生的人身分别对应多尔衮、洪承畴、吴三桂、和珅、海兰察、年羹尧、曾国藩、张之洞、西太后、袁世凯。

这个神话具有一定的民众性、艺术性,按照各人不同的体态、不同的性格作了适当的安排和影射。患着皮肤病的曾国藩经常褪脱皮屑,像蟒蛇脱皮一样,而蟒蛇又是一个危害人类的冷血动物。张之洞每天的睡眠时间很少,经常坐而假寐以待天明。神话中把猴子当作睡眠很少、变化多端的动物,而张之洞的体形也瘦小得活像一只猴子。至于用癞蛤蟆来刻画袁世凯,不但因为他颈粗腿短,走路是八字脚,而且寓有"癞蛤蟆想吃天鹅肉"的另外一个意思。

冯国璋曾向胡鄂公等人讲述过一则与上述说法相呼应的传说:

一天,袁世凯午睡时,书童进房献茶,忽然眼睛一花,看见一个极大的癞蛤蟆躺在床上。他吃了一惊,手一松,把玉杯子掉在地下摔碎了。

幸而袁酣睡未醒。书童蹑足退出来,惊慌地跑去找一个老家人,请他出主意挽救这场祸事。

当袁世凯醒来要喝茶的时候,看不见那个常用的玉杯了,就把书童唤进来问:"玉杯子哪里去了?"

书童老老实实地说:"摔碎了。"

袁厉声地说:"什么,摔碎了吗?"

书童不慌不忙地说:"这里发现了一件奇怪的事情。"

袁说:"什么奇怪的事情? 你说! 你说!"这个时候袁满脸都是怒容。

书童说:"我正在端茶进来的时候,一眼看见床上躺着的不是大总统。"

"是什么? 混账东西!"

"是……是一条五爪大金龙。"

"胡说!"袁怒吼了一声,但是他的脸色立刻平定下来,并且从抽屉里拿出 100 元钞票赏给书童。

1915 年 12 月 12 日,袁世凯接受参众两院提议,废除共和,改君主立宪制,并自立称帝。定国号为"中华帝国",之后从第二年为"洪宪元年"。洪字取自朱元璋洪武之洪、宪字取自帝国宪法之宪。也算吉利。只是,袁世凯帝制仅仅存在 83 天就宣告失败。在全民声讨和反对的浪潮中,1916 年 3 月 23 日帝制撤销,同年 6 月 6 日,袁世凯忧愤而亡。

资料来源:祝勇.袁世凯的皇帝梦[N].文摘报,2016-07-30(07).

二、思考讨论题

书童抓住了袁世凯什么心理逃过了一劫? 说明了什么?

三、案例解析

武昌起义爆发后,袁世凯面临两种选择:一是誓死效忠清王朝,率领北洋军与革命军决战到底。二是符合当时国民的愿望,建立共和政府,领导国家走上和平。1911年12月,清廷任命袁为议和大臣和全权代表,与南方各省政权和谈。初步达成"开国民会议,解决国体问题,从多数取"的方针。1912年1月1日孙中山当选大总统,随后袁世凯公开质问:"选举总统是何用意? 设国会议决君主立宪,该政府及总统是否亦即取消?"孙中山为大局考虑,表示:"如清帝实行退位,宣布共和,则临时政府决不食言,文即可正式宣布解职;以功以能,首推袁氏。"随后袁世凯加紧逼宫,清廷接受优待条件,宣布退位。3月15日参议院选举临时大总统,全体一致选举袁为临时大总统。由此可见,袁并非真心反清,也不是真想建立共和政府,只是把这作为他攫取权力的踏脚石。从他后来担任总统,一步步破坏民主共和制度,加强个人专制权力,复辟称帝就可以证明一切。

袁世凯从来就不认同民主共和制。为独揽大权,破坏《中华民国临时约法》,指使刺客于1913年3月将宋教仁暗杀。1913年7月由于袁坚持武力统一政策,南方爆发二次革命,随后遭到袁的军事镇压。1913年11月,袁下令取缔国民党,1914年宣布解散国会,同年公开废除《中华民国临时约法》,颁行《中华民国约法》。至此袁世凯成为终身大总统,而且可以世袭。1915年12月12日,袁世凯正式称帝。这一系列事件足以说明,袁就是一个彻底的"窃国大盗"。事实证明,袁的帝制绝非君主立宪制,而是地地道道的封建君主专制,是历史的倒退,为国人所不容,给国家和民族带来了深重的灾难。他就是国家民族的罪人,他也确确实实窃取了辛亥革命的成果,这一事实不容置疑。然而,袁世凯称帝83天之后,由于举国上下的强烈反对,心力憔悴的袁世凯不得不宣布取消帝制,最终在国人的谩骂声中因尿毒症去世。

辛亥革命爆发后,国家民众的民主意识已经唤醒,这种帝王思想就必然是日薄西山、回光返照而已。在当时的时代背景下已经没有帝制的土壤了,袁世凯为了掌握更大的权力,采取称帝的做法显然是错误的。他缺乏现代国家和宪法意识,缺乏民主思想,最终他的皇帝梦只能是"黄粱一梦"一场空。

四、教学建议

本案例适用于第三节第一目中"北洋军阀的专制统治"部分的教学。教师通过讲授本案例,让学生进一步明确袁世凯称帝是逆历史之潮流而不得人心,最终只能失败。了解民间神话虽然不可信,但也可在某种程度上反映民心向背,也能引导学生理解袁世凯的称帝野心其实早已存在。

在教学过程中,要注意引导学生分辨民间神话、传说对历史发展的影响。再者,教师可以同时介绍另外几个历史人物,增加学生对清史、近代史重要人物的了解。

五、教学反思

关键历史人物的人生可以折射一个时代的变迁,越是复杂的人物越是可以观察出时代的各个维度。袁世凯的起落与民族资产阶级革命派紧密相连,是一个值得研究和挖掘的人物。

学生可以通过这样的研究训练思维能力,以及学习历史研究的方法。

参考文献

［1］刘忆江.袁世凯评传(上下)［M］.北京:经济日报出版社,2004.

［2］柯育芳,赵慧慧.从历史合力论视角分析袁世凯称帝原因［J］.湖北省社会主义学院学报,2016
(05):80-83.

［3］苏黎明."二十一条"与袁世凯称帝［J］.泉州师范学院学报,2001(05):70-75.

顾维钧雄辩于巴黎和会

一、案例描述

巴黎和会是顾维钧在国际外交界脱颖而出的舞台。1919年1月27日,和会讨论山东问题。日本代表首先声明,德国在山东的各项权益均须无条件让予日本,并公布了英、法、俄、意四国承诺日本要求的密约。面对如此野蛮的强盗行为,顾维钧代表中国进行了强有力辩驳。他指出,"三千六百万之山东人民,有史以来为中国民族,用中国语言,信奉中国宗教";"胶州为中国北部之门户,亦为沿岸直达国都之最捷径路",在国防上具有重要地位;"以文化言之,山东为孔孟降生,中国文化发祥之圣地";"以经济言之,人口既已稠密,竞存已属不易","不容他国之侵入殖民"。为了争取西方同情,他甚至将孔子比作耶稣,将山东比作耶路撒冷,指出中国之不能放弃山东就像基督教不能失去耶路撒冷一样。针对日本"中日已有成约"的狡辩,顾氏驳称:所谓《中日关于山东省条约》及换文系"二十一条"产生,是在日本最后通牒胁迫之下签订的,不能视为有效。他坚定地表示:"大会应斟酌胶州租借地及其他权利之处置,尊重中国政治独立、领土完整之根本权利。"

顾维钧的滔滔雄辩,在会场上引起强烈反响。美国总统威尔逊、英国首相劳合·乔治、法国总理克里孟梭均表示赞赏。这一成功不仅使刚到而立之年的顾维钧成为巴黎头号新闻人物,而且也为中国收回山东权益奠定了法理基础。从此,山东问题引起举世关注。

资料来源:石源华.顾维钧:雄辩于巴黎和会上[J].世界知识,2007(06):55-57.

二、思考讨论题

顾维钧雄辩于巴黎和会,却没有改变巴黎和会中国外交失败的命运,这是为什么?

三、案例解析

在顾维钧漫长而传奇的外交生涯中,巴黎和会堪称是他人生中最重要的一个节点。恰

1918 年岁末，"公理战胜强权"的旗帜飘扬在全球。

从西伯利亚矿井到加利福尼亚，从巴黎到北京，不分国籍、不分肤色，到处都传扬着伍德罗·威尔逊这个名字。威尔逊是谁？居然能如此触动整个世界的神经？他便是时任美国总统威尔逊。实事求是地讲，在当年那个丛林法则盛行的国际政治环境下，威尔逊的主张是非常具有吸引力的。要知道，当 1918 年 11 月第一次世界大战结束时，全世界的人们都厌倦了打打杀杀，厌倦了弱肉强食，同时又极度渴望新的曙光。而威尔逊对于国际关系和对外政策的理念就是："和平与正义、国际法律和国际组织，应当也可能是国际社会大家庭共同追求的一种目标和架构。"正因如此，威尔逊一下子就成为国际政治舞台上最闪耀的明星。

战争结束后，按照协约国首脑们的安排，决定在法国巴黎召开一次所有交战国参加的和平会议，而会议的主题便是建立全新的国际政治秩序。然而，明眼人一望便知，所谓的和平会议从一开始便注定难有作为。但远在万里之外的北京，依然也有无数中国人在为威尔逊欢呼。虽然当时的北洋政府在战争快要结束时才宣布参战，但若论对协约国的实际贡献，应该也是有发言权的。在整个第一次世界大战中，曾先后有几十万华工在欧洲战场做苦力，他们挖战壕、修工事、运物资、抬伤员，相当于一支庞大的后勤部队。这种贡献比起协约国日本来说毫不逊色，日本只不过是居心叵测地攻占了青岛的德国据点以及个别太平洋中的小岛。如今，经历了 4 年之久的殊死拼杀，各交战国终于坐到谈判桌上来。

1918 年底，当接到出席巴黎和会的通知后，在一派盲目乐观的氛围中，中国国内社会各界迅速行动起来。连见多识广的外交总长陆征祥都一厢情愿地认为，中国作为一个大国，理所当然将在和会上被列为第一等级。因此未加细想就向政府提交了五位全权代表的名单：外交总长陆征祥、南方政府代表王正廷、驻英公使施肇基、驻比公使魏宸组、驻美公使顾维钧。这五人都熟谙国际事务、精通外语而又胸怀壮志，堪称众望所归的外交精英。

对于顾维钧而言，这份任务，既是荣誉，也是压力，鲜为人知的是，其实就在奔赴巴黎之前，他的妻子唐宝玥刚刚因患西班牙流感在使馆去世。丧妻之痛尚未平复，如今却接到了北京来的电报。尽管顾维钧一度向政府递交辞呈，但因考虑到巴黎和会的重要性，出于民族大义的考虑，最后毅然接受了任务。

临行前，顾维钧利用自己与美国各界所建立的良好关系，专程拜访了总统威尔逊。威尔逊许诺愿意支持和帮助中国，这也让顾维钧对即将开幕的和会多了一份信心和期待。然而，在现实面前，中国人显得多少有些天真。因为实际上，国际舞台上发言权的大小并非以各国对战争的贡献大小来衡量，所凭借的乃是自身的真正实力。结果，代表团到了巴黎才知道，中国被排在最后一个等级，只能派两人出席和会。具有讽刺意味的是，会议开始之后，巴西等原先被列为第三等级的国家，经过力争增加了一名全权代表。而中国代表团即便也曾四处奔走，要求增加席位，却依然无法改变组委会的决定。这样一来，中国代表团到巴黎后所做的第一件事，便是在内部先来一番"竞争上岗"。代表团的名次几番折腾，一个简单的问题不仅沦为国际外交界的笑柄，更引发了这个代表团的窝里斗。

根据大总统徐世昌的训令，代表团的名次最终变为：陆、顾、王、施、魏。尽管顾维钧一再谦让、一再表态，但他的排名前移依然引起了施肇基、王正廷的不满。就这样，时年仅 30 岁的顾维钧便成了代表团中的二号人物。1 月 28 日，中国代表团的名单正式向外界公布，而此时和会已经开幕十天了。对于参加此次会议，北洋政府给代表团的任务是：

（1）收回战前德国在山东的一切利益，这些利益不得由日本继承；

（2）取消"中日民四条约"的全部或部分；

（3）取消外国人在中国的特殊权益，如领事裁判权、协议关税等；

（4）结束德奥等战败国在华的政治与经济利益。

那么，中国的外交家们究竟能斩获怎样的成果呢？实际上，所谓的和会，不过就是列强的一次秘密分赃会议，从一开始，中国就完全处在被动地位，至于谋求收回国权，则只能是水中捞月。事到如今，中国代表团只有将主要目标定在山东问题上。正所谓"弱国无外交"，在那个强权至上的国际环境下，中国的抗争从一开始就带有几分悲壮色彩。

1 月 27 日中午，正当中国代表团们准备共进午餐时，美国代表团顾问威廉斯突然来电话悄悄告诉顾维钧：上午日本已在五强十人会议上，提出了由它接替德国在山东的权利，午后的会议，将听取中国代表团的立场，通知即将发出。这也意味着，与日本代表的正面交锋由此开始。当天下午，在威尔逊和蓝辛的支持下，王正廷发言请给予中国准备声明的时间，并表明由顾维钧在第二天上午复会时全权发言。据说，这天散会后，心情沉重的顾维钧特地去了一趟巴黎郊外的华工墓地。他深知，如果山东问题不能公正解决，不仅会有上万个灵魂在地下哭泣，世界也不得安宁，因为，这些华工大多数来自山东。

1 月 28 日上午 11 时，会议仍在法国外交部的会议厅召开。顾维钧手中并没有发言稿，正当所有人都在私下猜测时，他已经开始用流利的英语发言了。说到动情处，顾维钧起身面对其他四周代表问："西方出了圣人，他叫耶稣，基督教相信耶稣被钉死在耶路撒冷，使耶路撒冷成为世界闻名的古城，而东方也出了一个圣人，他叫孔子，连日本人也奉他为东方圣人，牧野先生（日本代表）你说对吗？"牧野不得不承认："是的。"顾维钧微笑说道："孔子的出生地——山东也就如耶路撒冷是东方的圣地，因此，中国不能放弃山东，正如西方不能失去耶路撒冷一样！"顾维钧在进行辩护时，所参考的完全是西方人所制定的国际法理原则，可谓理直气壮，因此他的滔滔雄辩刚刚结束，会场顿时响起热烈的掌声。在场的所有代表都为中国代表的风采所折服，他们纷纷上前与顾维钧握手，对他的发言表示祝贺。

巴黎和会历时 5 个多月，中国外交的主要目的就是收回山东权益，顾维钧据理力争并占据上风。可惜的是，巴黎和会并不是一场辩论赛，言辞的精彩固然吸引人，但外交必须靠实力说话，仅凭一番雄辩，改变不了旧中国任人宰割的命运。最终，西方列强为了自己的利益，讨好日本，将德国在山东的权利全部转给日本。也正是这一事件激起了中国人民的愤怒，同时也点燃了五四运动的火种。

由于近代中国半殖民地半封建的社会性质，民族不独立就意味着没有外交地位。因此，尽管顾维钧雄辩于巴黎和会，却仍然没有改变巴黎和会中国外交失败的命运。"弱国无外交"，这是历史残酷的教训，而在那时的中国，无论是北洋政府、知识分子，还是普通大众都曾一度相信"公理必将战胜强权"。随着巴黎和会中国外交的失败，这一幻想彻底破灭了。"吾辈当自强",我们要以史为鉴、知史奋进,时刻牢记肩负的历史使命,坚定不移地听党话、跟党走,努力奋斗,向着实现中华民族伟大复兴的中国梦阔步前进。

四、教学建议

本案例可用于第四章第一节中"五四运动:新民主主义革命的开端"部分的辅助教学,或用于该部分课程内容的考核。通过本案例的教学,使学生了解五四运动爆发的直接导火线是巴黎和会上中国外交的失败,认识到"弱国无外交"的残酷历史教训,引导学生掌握五四运动的伟大意义,弘扬爱国主义精神,坚定不移推进中国特色大国外交。

在教学过程中,教师应当详细给学生介绍五四运动爆发的直接原因,带领学生深入分析五四运动的特点和意义。同时,教师可以深入对比巴黎和会上其他战胜国的地位,使学生明白要摆脱贫穷落后的局面,必须首先实现思想上的革新,才能实现民族独立、人民幸福的历史任务。

五、教学反思

学生在中学时期历史课本中,已经了解"巴黎和会上中国外交的失败"相关学习材料,或者观看过影视片段,对这部分的内容非常熟悉。因此本案例选择学理性较强的解析,可以帮助学生透彻地理解旧时代中国的外交。同时引导学生思考,优秀如顾维钧这样的外交家,却不能改变中国外交失败,这说明了什么? 进而引出五四运动是新民主主义的开端,让学生领悟思想觉醒的重要性。

参考文献

[1] 金光耀.顾维钧与华盛顿会议[J].历史研究,1997(05):19－36.

[2] 田洪远.巴黎和会中国外交失败原因探析[J].黑龙江史志,2013(15):137.

[3] 金光耀.以公理争强权:顾维钧传[M].北京:社会科学文献出版社,2022.

教学案例二

陈望道:真理的味道非常甜

一、案例描述

一天,一个小伙子在家里奋笔疾书,妈妈在外面喊着说:"你吃粽子要加红糖水,吃了吗?"他说:"吃了吃了,甜极了。"结果老太太进门一看,这个小伙子埋头写书,嘴上全是黑墨水。结果吃错了,他旁边一碗红糖水,他没喝,把那个墨水给喝了。但是他浑然不觉啊,还说,"可甜了,可甜了"。这人是谁呢? 就是陈望道,他当时在浙江义乌的家里,就是写这本书(翻译《共产党宣言》——编者注)。习近平总书记曾多次提及其事迹,在讲述陈望道翻译

《共产党宣言》的故事时,很深情又意味深长地讲:"真理的味道非常甜。"

——2012 年 11 月 29 日,习近平在参观《复兴之路》展览时的讲述(根据政论专题片《不忘初心,继续前进》第一集《举旗定向》整理)

背景故事:

陈望道是中国著名教育家、语言学家。他翻译了中国第一版《共产党宣言》,担任过《辞海》总主编。1920 年 4 月底,陈望道历时两个月完成了《共产党宣言》的翻译工作。5 月,陈望道将《共产党宣言》中文全译本稿带至上海,交由陈独秀和李汉俊校阅,并于 8 月在上海印刷出版。随后平民书社、上海书店、国光书店等相继出版,截至 1926 年 5 月已印刷 17 次。

二、思考讨论题

1. 陈望道为什么吃了误蘸了墨汁的粽子却觉得"甜"?
2. 《共产党宣言》的翻译出版为何意义重大?

三、案例解析

陈望道翻译《共产党宣言》既是当时形势所致又是个人自觉。一方面,十月革命的成功使处于迷茫中的中国先进知识分子看到了曙光,在他们眼中,《共产党宣言》几乎是马克思主义的同义语;另一方面,在陈望道看来,作为一名马克思主义者,翻译《共产党宣言》义不容辞。

马克思、恩格斯于 1848 年共同完成的《共产党宣言》是科学共产主义的第一个纲领性文件,标志着国际共产主义运动揭开了序幕。随着马克思主义在中国的传播日益广泛,翻译《共产党宣言》已迫在眉睫。但直到 1919 年,此书仍然没有完整的中文译本。《共产党宣言》内容丰富、思想深刻,翻译起来并非易事,译者至少具备 3 个条件:精通德语、英语、日语等《共产党宣言》主要版本语言之一,拥有较高的中文素养以及较高的马克思主义理论水平。

1920 年初,在《民国日报》社经理邵力子等人的力荐下,一位青年被确定为《共产党宣言》的中文版译者,并被推向历史的前台。这位青年,就是陈望道。1920 年 8 月,由陈望道翻译的第一本中文版《共产党宣言》在上海正式问世。陈望道是《共产党宣言》第一个中文全译本的翻译者,为马克思主义在中国的传播和实践作出了不可磨灭的贡献。

《共产党宣言》的翻译出版意义重大。于中国而言,这本书意义非凡。如闪电,如路标,如烛光,为黑暗中探索的先驱们带来了温暖与希望……在《共产党宣言》的影响下,许多革命青年逐渐树立对马克思主义的坚定信仰,成长为马克思主义者。毛泽东在 1936 年跟斯诺谈话时曾讲:"有三本书铭刻在我的心中,建立起我对马克思主义的信仰。我一旦接受了马克思主义是对历史的正确解释以后,我对马克思主义的信仰就没有动摇过。"晚年周恩来在一次会议上,专门走到《共产党宣言》中文版首译者陈望道先生跟前,问是否能找到中文第一版的《共产党宣言》,他想再看一眼。邓小平在巴黎勤工俭学期间接触到《共产党宣言》,由此选择了加入共产党,走上了革命道路。1992 年,他在南方谈话中深情地说,我的入门老师是《共产党宣言》。

《共产党宣言》的翻译出版,对中国共产党的成立与发展意义非凡:它有力地推动了马克思主义在中国的传播,并为中国共产党的诞生提供了理论准备,滋养了一代又一代中国共产党人。墨汁的黑,如同近现代中国那段黑暗历史,底色沉沉,路在何方? 真理的甜,赋予了一代代共产党人勇气和力量,劈开黑色世界,让光明洒满大地,让中国从苦难走向辉煌。从此,前赴后继,开天辟地,马克思主义不仅深刻改变了世界,也深刻改变了中国。

《共产党宣言》对于宣传马克思主义,推动革命运动的发展和中国共产党的创立,起到了重要的作用。聚集在马克思主义旗帜下的革命知识分子在北京、上海、湖南等地,向工人宣传马克思主义,用马克思主义指导开展工人运动。用真理的力量帮助早期无产阶级革命者明确了关于建立一个什么样的共产党、建立共产党为了什么、怎样建立共产党等一系列问题,奠定了《中国共产党宣言》的基本思路与框架,对中国共产党的正式成立起到了重要思想引领和理论指导作用。此外,中国共产党第一次全国代表大会讨论通过的纲领,亦与《共产党宣言》的基本精神一脉相承。

习近平总书记指出:"我们党的老一辈单命家都是受《共产党宣言》的影响而走上革命道路的。我们党的第一部党纲就是按照《共产党宣言》精神制定的。我们党开辟的新民主主义革命道路、社会主义革命道路、社会主义建设道路、中国特色社会主义道路,都是把马克思主义基本原理同中国具体实际相结合的伟大创造。"

真理的味道为什么非常甜? 因为真理道出了人类社会发展规律,更好地指导社会发展进步、创造美好生活。马克思有一句名言:"理论一经群众掌握,也会变成物质力量。"真理的味道令人陶醉,真理的力量令人惊叹。

习近平总书记在中共中央政治局第三十一次集体学习时强调:"中国共产党为什么能,中国特色社会主义为什么好,从根本上说,是因为马克思主义行。我们要从党的百年奋斗史中感悟真理的力量,不断深化对共产党执政规律、社会主义建设规律、人类社会发展规律的认识,用马克思主义的真理光芒照耀我们的前行之路。"100 年来,我们党高举马克思主义旗帜,坚持把马克思主义基本原理同中国具体实际相结合、同中华优秀传统文化相结合,用马克思主义观察时代、把握时代、引领时代,团结带领人民取得了举世瞩目的伟大成就。学习党的历史,就要从中感悟马克思主义的真理力量,深刻学习领会新时代党的创新理论,坚持不懈用党的创新理论最新成果武装头脑、指导实践、推动工作。

四、教学建议

本案例可用于第四章第二节中"马克思主义与中国工人运动的结合"部分的辅助教学,或用于该部分课程内容的考核。

通过本案例的教学,使学生了解中国马克思主义者对马克思主义救国真理的渴求,认识到研究和宣传马克思主义的必要性和重要性,引导学生向早期马克思主义者学习和致敬,牢固树立对共产主义远大理想的坚定信念和崇高追求。

在教学过程中,教师可以结合中国共产党百年奋斗历史上的重要代表人物进行讲解,帮助学生加深对伟大建党精神的理解和认识。此外,也可将党的十九届六中全会精神融进中国近现代史纲要的学习中,帮助学生更好地了解中国共产党的历史,从党的百年奋斗重大成就和历史经验中汲取前行的力量。

五、教学反思

以"陈望道:真理的味道非常甜"为切入点,深入挖掘中国共产党人在传播马克思主义过程中体现的对共产主义理想的坚定信念,彰显了中国马克思主义者对马克思主义救国真理的渴求,能够提升学生的马克思主义理论素养,使学生深刻领会历史和人民"怎样选择了马克思主义,怎样选择了中国共产党",在课上能够引起共鸣。

在讲解中教师应做到特别了解,并以学生喜闻乐见的方式表达出来,与教学要点紧密结合,更好地融入课堂教学,真正做到培养学生思想政治素养和史学素养。

参考文献

[1] 真理的味道非常甜[J].共产党员,2022(07):64.
[2] 陈望道:点亮传播《共产党宣言》思想火炬[J].旗帜,2021(04):85-86.
[3] 陆珠希,王长金.陈望道与中国早期马克思主义的传播[J].观察与思考,2015(05):76-80.

教学案例三

大革命的失败与党的自我革命

一、案例描述

1927年大革命失败后,中国革命进入低潮。为了总结大革命失败的经验教训,彻底清算并纠正党在过去工作中的严重错误,确定新的斗争方针和任务,根据共产国际指示和党内同志的要求,中共中央于1927年8月7日在汉口秘密召开紧急会议,史称"八七会议"。

会议由瞿秋白、张太雷、李维汉及共产国际代表一起负责筹备,由瞿秋白主持召集。会议总结了大革命失败的经验教训,就国共两党关系、土地革命和武装斗争等问题进行了讨论。毛泽东在会议发言中批评陈独秀右倾错误:在国民党问题上,党中央在国共合作的国民党中始终没有当"主人"的思想;在农民问题上,党中央不支持农民革命;在军事问题上,"不做军事运动专做民众运动"。毛泽东强调"秋收暴动非军事不可",党"以后要非常注意军事,须知政权是由枪杆子中取得的"。会议彻底清算了大革命后期陈独秀的右倾机会主义错误,确定了土地革命和武装起义的方针,并选出以瞿秋白为首的中共中央临时政治局。

资料来源:中共中央党史研究室.中国共产党历史第一卷(1921—1949):上册[M].北京:中共党史出版社,2011.

二、思考讨论题

大革命失败后专门召开会议来分析失败原因,体现了中国共产党什么样的优良品质?

三、案例解析

中国共产党由小到大、由弱到强的发展历程并不是一帆风顺的。《中共中央关于党的百年奋斗重大成就和历史经验的决议》指出:"一九二七年国民党内反动集团叛变革命,残酷屠杀共产党人和革命人民,由于党内以陈独秀为代表的右倾思想发展为右倾机会主义错误并在党的领导机关中占了统治地位,党和人民不能组织有效抵抗,致使大革命在强大的敌人突然袭击下遭到惨重失败。"

中国共产党成立后不久,便投入到轰轰烈烈的大革命运动中,但由于缺乏革命斗争经验,对主导北伐战争的国民党领导集团政治警觉不够。1927 年北伐胜利进军时,蒋介石、汪精卫集团相继背叛革命,屠杀大量革命群众和共产党人。这也是年轻的中国共产党遭受到成立以后从未遇到过的严峻考验。

在大革命面临失败的紧要关头,党中央于 1927 年 8 月 7 日在湖北汉口召开紧急会议(八七会议),反思党的工作。会议着重批评了大革命后期以陈独秀为首的中央所犯的右倾机会主义错误,确定了土地革命和武装反抗国民党反动派的总方针。这是党在付出了大量鲜血代价之后换得的正确结论。由于党在工作中实行了坚决的转变,革命形势得到恢复和好转,很快实现土地革命战争的兴起,开创出革命的新局面。

八七会议是中国共产党历史上一次重要会议,为挽救党和革命作出了巨大贡献,是由大革命失败到土地革命战争兴起的一个历史转折点,也充分体现了中国共产党勇于自我革命的优良品质。

八七会议也是党在早期探索中国革命遭受挫折危急关头的一次自我革命。会议通过的《中国共产党中央执行委员会告全党党员书》中指出:我们党公开承认并纠正错误,不含混不隐瞒,这并不是示弱,而正是证明中国共产主义运动的力量。会议制定的继续进行革命斗争的正确方针,使全党重新鼓起同国民党反动派斗争的勇气,开启了中国共产党独自担当起领导中国革命艰巨使命的伟大征程。

习近平总书记指出:勇于自我革命,是我们党最鲜明的品格,也是我们党最大的优势。他还指出:中国特色社会主义最本质的特征是中国共产党领导,中国特色社会主义制度的最大优势是中国共产党领导。这两句话,四个"最",极为精辟地揭示了中国奇迹背后的奥秘,极为深刻地揭示了自我革命对于党和国家的重大意义。中国特色社会主义为什么行?最根本是因为中国共产党的领导。中国共产党为什么能?最关键在于我们党勇于自我革命。

回顾党的历史,我们党的伟大不在于不犯错误,而在于从不讳疾忌医,敢于直面问题,勇于自我革命,具有极强的自我修复能力。我们党在新民主主义革命时期,曾犯过陈独秀的右倾错误,曾使得党领导的革命和建设事业遭遇重大挫折,使我们党处于十分危险的境地。但我们党之所以能够化险为夷、转危为安,就是因为能够自我革命,自己纠正自己的错误。我们党从大革命的失败中汲取经验教训,勇于修正错误,从不回避遮掩,这一点在党的十一届六中全会以及所作出的《关于建国以来党的若干历史问题的决议》中有所体现。"坚持真理,修正错误",这是有力量的表现,也体现了党的气魄、胸怀和自信。

中国共产党成立百年的历史轨迹充分印证,党领导全国各族人民为实现中华民族伟大复兴中国梦的斗争史,就是一部我们党不断保持先进性和纯洁性的自我革命史。中国共产党为什么能够在现代中国各种政治力量的反复较量中脱颖而出?为什么能够始终走在时代前列、成为中国人民和中华民族的主心骨?根本原因在于我们党始终保持了自我革命精神,保持了承认并改正错误的勇气。正如习近平总书记所指出的:"在进行社会革命的同时不断进行自我革命,是我们党区别于其他政党最显著的标志,也是我们党不断从胜利走向新的胜利的关键所在。"

勇于自我革命,是中国共产党人的最美姿态。坚持自我革命是党的百年奋斗历史经验的总结,面对不同历史时期的严峻挑战和考验,党的自我革命有其内在的逻辑要求,既来自于马克思主义政党的本质要求,也蕴含在党的建设的实践探索中,更是新时代坚持和发展中国特色社会主义的现实需要。党的十九届六中全会通过的《中共中央关于党的百年奋斗重大成就和历史经验的决议》,对党的百年奋斗的历史经验进行了全面系统的总结,其中第十条经验是"坚持自我革命"。在党的百年奋斗的历史进程中,勇于自我革命是中国共产党自身的特殊基因,也是中国共产党不断实现自我净化、自我完善、自我革新、自我提高的方法论。

自我革命是中国共产党取得革命建设改革伟大成就的奥秘所在,是百年大党永葆青春活力的奥秘所在。2021年全党开展的党史学习教育,是我们党推进自我革命的重要途径,也是一条重要经验。我们要继续发扬自我革命精神,不断巩固党史学习教育成果,坚持全面从严治党永远在路上,保持"赶考"的清醒,以新时代党的自我革命引领新的伟大社会革命,以永不懈怠的精神状态和一往无前的奋斗姿态,继续朝着实现中华民族伟大复兴的宏伟目标奋勇前进。

四、教学建议

本案例可用于第四章第三节中"大革命的失败与教训"部分的辅助教学,或用于该部分课程内容的考核。通过本案例的教学,帮助学生掌握大革命失败的原因及八七会议的重要历史意义,了解坚持自我革命是我们党的优良品质,引导学生认识到加强和完善党的领导的重要性。但也要明确大革命虽然失败,但其历史意义是不可磨灭的,要学会运用科学的方法评价历史。

在教学过程中,一方面要强调大革命和八七会议在党的历史上的重要作用,认识到八七会议是由大革命失败到土地革命战争兴起的一个历史转折点,另一方面也要注意指出八七会议在反对右倾错误的同时,没有防止"左"的思想出现,使"左"倾情绪在党内滋长起来,给后来的中国革命造成很大的危害,引导学生正确评价历史事件。

五、教学反思

本案例从"大革命的失败"入手,解析中国共产党勇于刀刃向内、自我革命的优良品质,理论性较强,辅之以相应的党史案例进行讲解效果更佳。教师可以结合党史学习教育成果、党的十九届六中全会精神及习近平总书记系列重要讲话精神,使学生明白坚持独立自主、坚持自我革命的重要性,从党的百年奋斗重大成就和历史经验中汲取前行的力量。

参考文献

[1] 中央党史和文献研究院等.中国共产党简史[M].北京:人民出版社,中共党史出版社,2021:29-35.

[2] 冯俊.自我革命:百年大党永葆青春的奥秘[J].党建,2021(07):117-120.

[3] 吴波."坚持自我革命"的内在逻辑[D].社会主义论坛,2022(01):56.

教学案例四

中共二大第一次提出党的统一战线思想

一、案例描述

1922年7月16日,中共二大在上海拉开帷幕。举行会议的南成都路辅德里625号,当时是李达的寓所。一大会议上,李达被选为中央局宣传主任。时隔一年,中央局成员、党的地方组织的代表和参加远东各国共产党及民族革命团体第一次代表大会后回国的部分成员等共12名共产党员集中到一起,召开了二大。在为期8天的会议上,通过了《中国共产党第二次全国大会宣言》《中国共产党章程》及《关于共产党的组织章程决议案》等9个决议案。

这意味着,二大与一大共同完成了党的创建任务,标志着中国共产党创建事业进入了一个崭新阶段。二大第一次提出党的民主革命纲领,第一次提出党的统一战线思想,制定了第一部《党章》,第一次公开发表了《中国共产党宣言》,第一次比较完整地对工人运动、妇女运动和青少年运动提出了要求,第一次决定加入共产国际,第一次提出了"中国共产党万岁"的口号。

至此,中国革命的形势向着更清晰的道路前行。从1922年1月至1923年2月,全国爆发的罢工斗争达100多次,参加罢工的工人达30万人以上,工人的政治觉悟迅速提升,组织程度也明显提高,与此同时,党领导的农民、青年、妇女运动也展现出全新的面貌。

资料来源:栾吟之,梁建刚.党章诞生的地方[N].解放日报,2011-06-07(005).

二、思考讨论题

中共二大为什么要提出"民主主义的联合战线"?

三、案例解析

1922 年 7 月中下旬,在上海召开的党的二大开创了我们党创建史上的七个"第一"。尤其这次会议通过《关于"民主的联合战线"的议决案》(以下简称《议决案》),改变了党的一大文件中"不同其他党派建立任何关系"的规定,号召全国的工人、农民团结在共产党的旗帜下进行斗争;同时,提出联合全国一切革命党派,联合资产阶级革命派,组织民主的联合战线,并决定邀请国民党等革命团体举行联席会议,共商具体办法。这是中国共产党最早提出关于统一战线的思想,对推动中国革命的发展具有重大意义。

是否建立统一战线?

事实上,党的一大就曾涉及联合战线的讨论。当时,在与其他党派的关系问题上出现过两种意见,一种意见认为,"不论在理论上和实践上,无产阶级应该永远与其他党派进行斗争";另一种意见则主张,"在行动上要与其他党派合作反对共同的敌人,同时,我们不能失掉原则,在我们的报纸上批评他们。即使我们自己不能立即夺得政权,至少可以加强自己,以便进一步采取行动"。最后,会议采纳了第一种意见。《中国共产党第一个决议》规定:在政治斗争中,在反对军阀主义和官僚制度的斗争中,在争取言论、出版、集会自由的斗争中,我们应始终站在完全独立的立场上,只维护无产阶级的利益,不同其他党派建立任何关系。

这表明,中国共产党成立之初,对中国的现状还缺乏深刻了解,还没有把马克思主义基本原理与中国社会的实际情况很好地结合起来。但从这次讨论中可以看出,党内已经存在统一战线思想的萌芽。

中共二大第一次明确提出了反帝反封建的民主革命纲领,为中国革命指明了正确方向。为了贯彻党的民主革命纲领,中共二大通过了 9 个决议案,其中《关于"民主的联合战线"的议决案》是党关于统一战线的第一个专门文件。

经过一年来的革命实践,中国共产党根据马克思主义基本原理,更加努力地去"研究中国的客观的实际情形",逐步认识到,长期以来中国人民对外国侵略者和本国封建统治者进行过长时期的斗争,这些斗争有重大的意义,但有两个根本性的弱点:第一,没有认清革命的对象,不能团结真正的朋友以攻击真正的敌人。第二,没有广泛地发动群众,特别是没有深入到下层的工农群众中去,未能形成有组织的、持久的群众运动。

党的二大提出,我们既然是为无产群众奋斗的政党,我们便要"到群众中去",要组成一个大的"群众党"。在这样的原则指导下,《关于"民主的联合战线"的议决案》指出,"在这种封建势力统治的国家,人民的生命财产都握在武人手里,法律和舆论都没有什么效力,所以为人民幸福计,民主派对于封建革命是必要的,无产阶级倘还不能够单独革命,扶助民主派对于封建革命也是必要的","我们共产党不是空谈主义者,不是候补的革命者,乃是时时刻刻要站起来努力工作的党,乃是时时刻刻要站起来为无产阶级利益努力工作的党"。

正是因为我们党坚定站在人民立场上,对中国革命和自身力量有了客观实际的判断,并且毫无私利,才能团结一切可以团结的力量,为革命赢得广泛的力量。

联合什么样的党派团体？

无产阶级统一战线的根本问题是团结、联合。《议决案》提出："在全国各城市，集合工会、农民团体、商人团体、职教员联合会、学生会、妇女参政同盟团体、律师公会、新闻记者团体等，组织'民主主义大同盟'。""应该出来联合全国革新党派，组织民主的联合战线，以扫清封建军阀推翻帝国主义的压迫，建设真正民主政治的独立国家为职志。"

联合什么样的党派团体，并不是盲目决定的，而是基于认真研究和判断。党的二大在对中国社会各阶级的状况进行初步分析后认为，中国的广大农民有极大的革命积极性，是"革命中的最大要素"；小资产阶级的大量群众因遭受极大痛苦，会"加入到革命的队伍里面来"；"中国幼稚资产阶级为免除经济上的压迫起见，一定要起来与世界资本帝国主义奋斗"；工人阶级有伟大的势力，这种势力"将会变成推倒在中国的世界资本帝国主义的革命领袖军"。

这充分证明，我们党团结联合革命派、民主派的工作是有立场、有方向的，不仅界限非常清晰明确，而且也使革命的对象、方向更鲜明，更有利于孤立敌人、战胜敌人。

坚持什么样的策略原则？

党的二大虽然没有正式提出关于领导权的问题，但在关于"民主的联合战线"的策略原则中论述了无产阶级要联合民主派去完成民主革命的任务，通过"无产阶级革命势力和民主主义革命势力的协同动作"，"以扫清封建军阀推翻帝国主义的压迫"，体现了联合对敌原则。

同时，这种联合是有原则有底线的，"无产阶级一方面固然应该联合民主派，援助民主派，然亦只是联合与援助，决不是投降附属与合并"，而是要在自己阶级政党的旗帜下，"独立做自己阶级的运动"，并在斗争中"不可忘了自己阶级的独立组织"。中国共产党在统一战线思想上，从一开始就注意到了组织独立性的问题，强调自身的组织建设和运动开展。

在统一战线问题上，我们党不仅对统战对象作出清晰界定，而且对统战的方式也有着清醒的认识。这些从党的幼年开始就形成的正确认识，充分说明党是用科学理论指导建立起来的党。

统一战线是我们党克敌制胜的重要法宝。

1939 年 10 月 4 日，毛泽东同志在《〈共产党人〉发刊词》中指出："统一战线，武装斗争，党的建设，是中国共产党在中国革命中战胜敌人的三个法宝，三个主要的法宝。这是中国共产党的伟大成绩，也是中国革命的伟大成绩。"

以《议决案》为起点，在长期革命、建设、改革中，我们党进行了统一战线的成功实践，逐步形成了完整的统一战线理论。在党的抗日民族统一战线指引下，中国进行了历史上唯一一次全民族奋起抵抗外来侵略的战争，取得了近代以来抗击外敌入侵的第一次完全胜利。在人民解放战争即将胜利之际，各民主党派、各人民团体、各社会贤达积极响应我们党的"五一口号"，参加政治协商会议，共商建国大业。新中国成立后，我们党在巩固政权、进行社会主义改造和建设、实行改革开放中，充分发挥统一战线功能作用，彰显了统一战线的广泛性、包容性、多样性和社会性，为党和国家事业注入了强大活力。

党的十八大以来，以习近平同志为核心的党中央把统一战线和统战工作摆在全党工作的重要位置，努力团结一切可以团结的力量，调动一切可以调动的积极因素，推动爱国统一战线事业不断巩固发展。特别是 2020 年 12 月 21 日印发的《中国共产党统一战线工作条例》，体现了新形势新任务对统一战线工作的新要求，为新时代统一战线工作提供了基本遵循。

党的十九届六中全会通过的《中共中央关于党的百年奋斗重大成就和历史经验的决议》强调，"建立最广泛的统一战线，是党克敌制胜的重要法宝，也是党执政兴国的重要法宝"，并把坚持统一战线列为党百年奋斗的十条历史经验之一。在百年奋斗征程中，我们党始终坚持大团结大联合，团结一切可以团结的力量，调动一切可以调动的积极因素，最大限度凝聚起共同奋斗的力量。

四、教学建议

本案例可用于第四章第三节中"民主革命纲领的制定和工农运动的发动"部分的辅助教学，或用于该部分课程内容的考核。通过本案例的教学，帮助学生了解中国共产党第二次代表大会的召开及其历史意义，引导学生主动了解中国共产党的历史，深入理解统一战线工作的由来，明白新时代统一战线工作的重要性，坚持党的领导不动摇。

在教学过程中，可结合党的十九届六中全会精神进行相关解读，帮助学生更好地了解中国共产党的历史，从党的百年奋斗重大成就和历史经验中汲取前行的力量。也可充分利用上海"初心之地 光荣之城"的宝贵红色资源，实地到中共二大纪念馆参观学习，作为一次行走的课堂，拓展学生的视野。

五、教学反思

教材中重点强调了中共二大"第一次提出党的民主革命纲领"，同学们对于中共二大的了解也局限于"七个第一"中的一个，通过挖掘中共二大形成的七个"第一"，同时对"第一次提出党的统一战线思想"展开讲解，能够帮助同学们强化对"统一战线"法宝作用的理解。同时，结合党的十九届六中全会形成的《中共中央关于党的百年奋斗重大成就和历史经验的决议》中对党的历史经验概括的"十个坚持"中的第九条"坚持统一战线"也有了更加深入的理解。一方面带领同学们回顾党的光辉历史，另一方面结合最新精神进行解读，激发同学们以史为鉴，创造未来，更好地培养学生思想政治素养和史学素养。

参考文献

［1］中共二大，创造了党史上的多个"第一"［J］.党员干部之友，2021(04):44.

［2］叶福林，高哲.中共二大与党的统一战线工作起源［J］.上海市社会主义学院学报，2022(01):18-21.

［3］忻平.中共二大首提"国共合作"统一战线的时代价值［J］.世纪，2022(04):1.

第五章 >>> 中国革命的新道路

毛泽东为什么要当"山大王"?

一、案例描述

1927 年 9 月 9 日,在毛泽东的亲自领导下,湘赣边界秋收起义爆发了! 由于敌我力量悬殊,起义部队受挫,毛泽东主张放弃进攻长沙,保存革命力量,再图发展。

1927 年 9 月 19 日,起义部队到达浏阳县文家市,当晚召开前敌委员会会议,经过激烈争论,接受了毛泽东的建议,"议决退往湘南"。

国民党军队的前堵后追,使南下路途充满了险情。工农革命军领导层内部发生了严重问题。部队进入莲花县城后,第一师师长余洒度在军事会议上反对毛泽东主张改变去湘南计划而转为去宁冈,认为这"简直是朝秦暮楚,让人无所适从!"毛泽东说这是适应形势的变化,"井冈山是个囤积粮草兵马的好去处。"《水浒传》里有个水泊梁山,朝廷的千军万马拿他们没得办法。我们到了井冈山这样的地方,反动派也奈何不了我们,我们就是到那儿去当红色'山大王'!"

在毛泽东的坚持下,前委会议决定放弃去湘南的计划,改向宁冈进军。9 月 29 日,部队来到永新县三湾村,毛泽东主持召开了前敌委员会会议,决定对起义部队进行整顿和改编。针对少数人的悲观情绪,毛泽东亲自做动员鼓劲工作。此后,毛泽东宣布了三条纪律:"行动听指挥,不拿群众一个红薯,打土豪要归公"。三湾改编后,工农革命军以崭新的面貌踏上了新的征途。

10 月 3 日下午,工农革命军到达宁冈县古城。位于湖南酃县和江西宁冈、遂川、永新四县交界处的井冈山,过去长期有"山大王",现在被袁文才、王佐两支绿林式的农民武装所占据。在前敌委员会扩大会议上,有人主张"大鱼吃小鱼",消灭"山大王",占领井冈山。毛泽东使劲儿摆手,连声说道:"使不得,使不得。"还开玩笑说:"他们是绿林军,我们是草头王,大家可以合为一家嘛! 有机会我要去拜拜山。"

10月6日,毛泽东亲自约见袁文才,充分肯定了他与王佐"劫富济贫"的革命性,双方谈得非常投机。毛泽东当场宣布赠送袁文才100支枪,这大大出乎袁文才的意料,袁文才马上回赠给工农革命军600块大洋,并答应工农革命军在茅坪建立后方医院和留守处。

从文家市到茅坪,历时一个多月,行程1000多里,工农革命军在毛泽东领导下,经过秋收暴动和艰苦转战,终于将红旗插上了井冈山。

资料来源:张福兴.中国1927——解密80年前中国政局的历史谜团[M].北京:中共党史出版社,2007.

二、思考讨论题

毛泽东为何提出要到井冈山当红色"山大王"?三湾改编有何重要意义?从文家市到茅坪对中国革命道路有何重大影响?

三、案例解析

大革命失败后,在1927年8月召开的八七会议上,中国共产党确定了土地革命和武装起义的方针,还提出了"找着新的道路"的任务。但是,会议对于当时革命的低潮形势缺乏深刻的了解和足够的估计,对于农村在中国革命中的重要地位和建立农村革命根据地的意义还认识不清,因而仍然将党的工作重心放在城市,主张发动城市武装起义或攻占大城市来夺取革命胜利。

然而,以南昌起义、秋收起义和广州起义为代表的上百次起义和暴动,结果都失败了。起义失败后保留下来的部队,大都经过摸索,逐步转移到了远离国民党统治中心的农村区域。走出中心城市武装起义模式的阴影,按照中国革命的特点和规律,找到一条适合中国革命的发展道路,就成为中国产党人亟待回答的问题。本案例记录了毛泽东是怎样成功地把党的工作重心由城市转入农村,在农村建立根据地,为中国革命开辟出一条新道路的历史片段。

八七会议结束后,毛泽东作为中央特派员回湖南领导秋收起义。在各路起义军先后受挫的情况下,毛泽东当机立断,及时调整进攻方向,决定将部队撤离平江、浏阳地区,向敌人力量薄弱的湘赣边界山区农村进军,以保存革命力量,谋求发展。9月29日,起义军到达江西省永新县三湾村。在这里毛泽东领导进行了著名的三湾改编,建立了军队的政治工作和党代表制度,确立了党对军队的绝对领导。10月上旬,毛泽东率领起义部队到达宁冈县茅坪,将工农革命军的红旗插上了井冈山。井冈山根据地的建立具有深远的历史意义,它把革命的退却和革命的进攻有机地结合起来,成功地实现了中国革命的伟大战略转移,从此,中国革命实际上从以城市为中心走上了工农武装割据的道路。

井冈山革命根据地是毛泽东等老一辈革命家领导湘赣边军民开创的中国第一块农村革命根据地。井冈山革命根据地的创建,是中国共产党人和井冈山军民集体奋斗的结果。毛泽东在创建井冈山革命根据地的过程中,作出了最卓越的贡献。一是毛泽东领导文家市退兵,点燃了井冈山斗争的"圣火"。文家市退兵是中国共产党人的工作重心由城市向农村转移的重要举措。毛泽东在秋收暴动严重受挫时,果断地作出了"保存实力,退兵萍乡"的决策,摒弃了攻打长沙、夺取中心城市的计划,开辟了从"引兵井冈"到"以乡村为中心"的新道路。二是毛泽东领导改造袁文才、王佐部队,确定了在井冈山建立革命根据地的决策。袁文才、王佐是盘踞在井冈山一带的草莽英雄,为了使工农革命军能在井冈山安营扎寨、落地生根,毛泽东以他战略家的眼光和智慧,从大苍赠枪到进驻茅坪,从步云山练兵到大陇升编,一步步地做工作,晓以大义,悉心教化,使袁、王为之折服,"溃不成军"的秋收起义部队得以在井冈山休养生息,建立革命的大本营。三是毛泽东领导创建了边界三县红色政权,奠定了井冈山革命根据地的坚实基础。革命政权是根据地赖以存在的根本。毛泽东领导井冈山军民开展游击暴动,实行分田斗争,发展群众武装,推翻反动政权,在取得军事上三大战斗胜利的基础上,建立了茶陵、遂川、宁冈三县红色政权,标志着井冈山革命根据地的初步形成。这是在朱、毛两军井冈山会师之前所取得的重大成果,是毛泽东独自领导开辟的。四是毛泽东创造性地解决了根据地建设中的一系列重大问题,确保了井冈山革命根据地沿着正确的轨道健康发展。毛泽东坚持马克思列宁主义的基本原理,又从农村根据地的实际情况出发,科学地提出和制定了一系列切合实际、行之有效的方针、政策和举措,将这些十分棘手的问题圆满而又合理地解决了,使井冈山革命根据地雄踞在罗霄山脉中段,在四周白色政权的包围下巍然屹立。

从文家市到茅坪,毛泽东领导秋收起义部队在逆境中走出一条独特的革命道路,迈出了把马克思主义与中国革命实际相结合最具有历史意义的一步。

四、教学建议

本案例在讲授"农村包围城市、武装夺取政权道路的开辟"时适用。本案例重在使学生深刻理解:新道路新在哪里,道路开辟之艰难,加深对毛泽东等老一辈无产阶级革命家敢为人先的战略家的智慧和共产党人大无畏的革命精神的学习和领会。

使用本案例时要注重启发学生自主思考,并引导学生自行查阅相关资料拓展阅读,引导学生展开课堂讨论,让学生自主得出结论,达到我们课堂教学所设定的目标。

五、教学反思

从城市中心到农村建立根据地,这是一条在马克思列宁主义教科书中找不到现成答案的新革命道路,这条道路是在荆棘中探索出来的,是无比艰难的道路。过去我们讲授这部分内容时更多是叙述式的,学生很难感同身受,理解也难以深入。以本案例史实,通过带入情境,历史画面就会更加清晰地展现在学生面前。过去教学中,我们对"难"讲得不够透彻,学生也很难有真切感受。本案例的研讨能使学生理解到,难就难在这条路是违上的,是和中央攻打城市的指示精神相违背的;这条路是前无古人之路,是绝处逢生之路;这条路是在部队各种反对声音之下坚持走下去的路。

通过本案例还必须让学生更加深刻地认识到新道路的历史意义。这条道路是在国民革命失败后,中国共产党领导中国人民同国民党新军阀进行英勇斗争中探索出来的,也是以毛泽东为代表的中国共产党人将马克思主义基本原理同中国革命具体实践相结合过程中迈出的最有实际意义的一步,是对马克思主义武装夺取政权理论的重大发展。特别是对毛泽东等老一辈无产阶级革命家在革命道路探索中的丰功伟绩有更加深刻的认识。

参考文献

[1] 付闪.毛泽东与秋收起义中的关键抉择[EB/OL].(2017 - 09 - 14)[2022 - 12 - 11].http://dangshi.people.com.cn/n1/2017/0914/c85037-29534898.html.

[2] 夏远生.点亮惊涛骇浪中的灯塔[N].湖南日报,2017 - 7 - 18(03).

[3] 井冈山革命根据地党史资料征集编研协作小组.井冈山革命根据地[M].北京:中共党史资料出版社,1987.

[4] 刘洪.弘扬跨越时空的井冈山精神——纪念井冈山革命根据地创建90周年[J].半月谈,2017(15).

教学案例二

陈树湘断肠明志

一、案例描述

他指挥全师6 000余名闽西子弟,担负整个红军的后卫任务。在湘江突围时,几乎全军覆没,却换来红军主力突破湘江的宝贵时间。他率余部被迫转战湘江东岸,身负重伤被俘后,毅然绞断肠子自尽!他向死而生,用一腔对共产主义的信仰,诠释了共产党人的忠诚和使命!

他,就是湘江战役中牺牲的红军高级将领、红五军团第三十四师师长陈树湘。

陈树湘是长沙小吴门一个菜农的儿子,1921年与毛泽东、杨开慧夫妇相识,接受马克思主义,参加长沙农民武装并加入了中国共产党。后又跟随毛泽东秋收起义队伍上了井冈山,转战赣南闽西,经历过大大小小的数百次战斗,由一名普通士兵升为排长、连长、团长、师长。

1934年10月,中央红军开始长征,经湖南道州、广西全州和兴安一带,过湘江。红军进入两岸狭长地带,国民党重兵压境,天上飞机轰炸,地面围追堵截,誓要把红军全歼于湘江东岸。湘江战役打响后,陈树湘的红三十四师临危受命,担负全军战略转移殿后的艰巨任务。全师6 000余名红军将士跟数万装备精良的国民党追兵展开激战,全力掩护党中央、中革军委和主力红军过湘江。

当红三十四师掩护红军主力安全渡江后,湘江已经被国民党的军队全部封锁,红三十四师已无法渡江。奉中革军委之令,陈树湘带领红三十四师余部从广西境内翻越都庞岭进入道县,伺机摆脱国民党的追兵,在湘南一带打游击,保存革命力量。然而,敌众我寡,红三十四师边退边战,沿着都庞岭山脚退入江华境内,又进入道县境内,牺牲惨重。弹尽粮绝之时,陈树湘于道县四马桥境内受伤被俘。在敌兵押送他到县政府的路上,陈树湘趁敌不备,在石马神庙,把手伸进受伤的腹部,绞肠自尽,实现了他"为苏维埃新中国流尽最后一滴血"的誓言,年仅 29 岁。

陈树湘英勇牺牲后,国民党地方保安团为了得到赏钱,割下了他的头颅到长沙领赏,他们将陈树湘的头颅挂在长沙城小吴门的石柱上示众,而城外的瓦屋街,便是他家低矮的房子,紧闭的木门后面,是他卧床不起的母亲,还有日夜思念他早日归来的年轻妻子陈江英……

资料来源:张福兴.中国 1927——解密 80 年前中国政局的历史谜团[M].北京:中共党史出版社,2007.

二、思考讨论题

陈树湘负伤被俘后,为何绞肠自尽? 陈树湘身上诠释了中国共产党人什么样的精神?

三、案例解析

陈树湘烈士的英模事迹发生于湘江战役之际。1934 年 11 月 27 日至 12 月 1 日,中央红军在湘江上游广西境内的兴安县、全州县、灌阳县与国民党军苦战五昼夜,突破了国民党军的第四道封锁线,粉碎了蒋介石围歼中央红军于湘江以东的企图。湘江战役是红军长征途中规模最大、战斗空前激烈的战役,付出了巨大的代价。其中,担负阻击任务的红三十四师孤军留在湘江以东,陷入敌军的重重包围,全体指战员浴血奋战,直到弹尽粮绝,绝大部分同志壮烈牺牲。陈树湘受伤不幸被捕,1934 年 12 月 18 日晨,他用超乎常人的毅力,为保忠贞,断肠明志。

陈树湘是一个革命英雄,用生命践行他的铮铮誓言"为苏维埃新中国流尽最后一滴血"。2009 年,他被评为"100 位为新中国成立作出突出贡献的英雄模范人物"。2020 年 9 月 18 日,习近平总书记在湖南考察工作结束时的讲话中说:"在湘江战役中,陈树湘烈士'断肠明志'的事迹十分感人,真是'寸土千滴红军血,一步一尊英雄躯'。"

陈树湘断肠明志的英雄壮举,蕴含着丰富的思想内涵,反映了革命英雄主义精神,体现着鲜明的时代特征,具有巨大的示范引领作用,是留给后代弥足珍贵的精神财富,是激励我们团结一心克服一切艰难险阻、实现中华民族伟大复兴的强大精神力量。习近平总书记先后在 2014 年 10 月全军政治工作会议、2019 年全国两会、纪念五四运动 100 周年大会上,多次讲述陈树湘断肠明志的壮烈故事,强调要"把先辈们用鲜血和生命铸就的优良传统一代代传下去"。

陈树湘的人生虽然很短暂,但自从走上革命道路的那一天起,就矢志不渝跟党走,坚决听党指挥,充分体现了共产党人的绝对忠诚、绝对信仰、绝对担当、绝对英勇。这些优良传统正是我们今天要学习和传承的。陈树湘对党绝对忠诚。他是在井冈山斗争时期和创建中央苏区的斗争中成长为一位英勇善战的优秀指挥员的。虽然隶属关系几次变更,但始终服从命令听指挥,党指到哪里就打到哪里。在第四次、第五次反"围剿"中,他屡建战功,在湘江突围战役的战前动员会上,他留下誓言:"万一突围不成,誓为苏维埃新中国流尽最后一滴血。"突围中被俘后,他掏腹断肠、壮烈牺牲,用生命诠释了对党的绝对忠诚。

陈树湘具有坚定的理想信念。他是在五四运动的精神洗礼下,参加了由新民学会发动的长沙反日爱国运动,从一个小菜农转变成了一位信念坚定的革命青年。1921年,他与毛泽东、何叔衡等人结识,进一步接受马克思主义教育,对共产主义事业的理想信念更加坚定,自此以无比坚贞的革命理想投身共产主义事业并为之奋斗一生。

陈树湘具有强烈的担当精神。1934年11月26日下午,红五军军团首长董振堂、刘伯承召开红三十四师团以上干部会议,派红三十四师阻击尾追之敌,掩护红八、九军团过江。面对这一对党、对红军生死攸关的历史性使命,陈树湘铿锵有力地回答:"坚决完成军委交给的任务。"湘江战役中,陈树湘率领的红三十四师浴血奋战,以几乎全军覆没的代价,完成了任务,创立了不朽的历史功勋。在完成掩护任务后,陈树湘重返湘南开展游击战,直至弹尽粮绝,不幸受伤被俘。这种甘当后卫、视死如归、向死而生的担当精神,感天动地、催人奋进。

陈树湘具有大无畏的牺牲精神。在担负中央红军总后卫时,陈树湘义无反顾地接受命令,并誓死坚守阵地,坚决完成任务。他豪迈地对将士们说:如果从阵地上放过去一个敌人,就是红三十四师的耻辱。就这样,6 000余名将士不后退一步,浴血奋战,完成了掩护任务。又在此后转移作战中不幸受伤被俘,为了捍卫共产党员的尊严,表明对党的绝对忠诚,绞肠而死,献出了宝贵的生命。这种牺牲精神是中华民族所以生生不息的优良传统,也是中国共产党人能够取得革命胜利的强大精神力量。

四、教学建议

本案例在讲授"遵义会议实现伟大历史转折"时适用。从红军被迫实行战略转移到遵义会议,是对中国前途和命运产生重大影响的一段历史。本案例重在使学生深刻理解革命之曲折,以及以陈树湘为代表的革命先烈为革命事业的献身才使中国革命在曲折中前进的道理。

使用本案例时要注重启发学生思考陈树湘为何而死、为何不怕死,组织学生思考和讨论陈树湘的理想信念是什么? 在他的身上体现了怎样的精神? 进而启发学生思考在革命征途上,以陈树湘为代表的革命党人为何具有这样的革命精神,深刻理解中国共产党人为民族解放所作出的巨大牺牲。教学形式可以采取开展课堂小演讲或情景模拟等方式来组织。

党的十八大报告明确指出,要大力弘扬党的优良传统和作风,坚守共产党人精神追求。教学中还要引导学生思考,踏上实现强国梦的历史新征程,需要在大力传承弘扬中深刻领会和弘扬这种革命精神。我们要永远不忘陈树湘先烈的革命事迹,把先辈们用鲜血和生命铸就的优良传统一代代传下去。

五、教学反思

第五章"中国革命新道路",主要讲中国革命新道路是如何探索出来的,使学生深刻理解新道路的艰辛和意义。这条道路是在国民革命失败后,中国共产党领导中国人民同国民党新军阀进行英勇斗争中探索出来的,也是以毛泽东为代表的中国共产党人将马克思主义基本原理同中国革命具体实践相结合过程中迈出的最有实际意义的一步,是对马克思主义武装夺取政权理论的重大发展。

在讲清这条道路的同时,要让学生懂得这样一个道理:这是一条先辈们用鲜血和生命铸就的道路,我们永远不能忘记老一辈无产阶级革命家为了革命事业做出的丰功伟绩。历史不能遗忘,先烈要永远祭奠。学纲要,既是学习历史,更是一种精神和灵魂的洗礼。特别是陈树湘烈士的感人事迹,体现出共产党人崇高的革命气节和伟大的牺牲精神,对大学生是一种震撼心灵的教育。在教学过程中,可以组织学生对陈树湘烈士所体现出的精神进行讨论,进而引导到对伟大长征精神的认识。在纪念红军长征胜利 80 周年大会上的讲话中,习近平这样概括长征精神:伟大长征精神,就是把全国人民和中华民族的根本利益看得高于一切,坚定革命的理想和信念,坚信正义事业必然胜利的精神;就是为了救国救民,不怕任何艰难险阻,不惜付出一切牺牲的精神;就是坚持独立自主、实事求是,一切从实际出发的精神;就是顾全大局、严守纪律、紧密团结的精神;就是紧紧依靠人民群众,同人民群众生死相依、患难与共、艰苦奋斗的精神。陈树湘是千千万万为了革命事业而牺牲的先烈之一,诠释了中国共产党的初心和宗旨,诠释了中国共产党不懈奋斗的革命精神。学习陈树湘断肠明志的感人事迹,就是要让学生把先辈们的优良传统传承下去,从内心深处对中国共产党革命历程有一个更清晰的认识,深刻理解没有中国共产党就没有新中国、只有社会主义才能救中国的道理。

参考文献

[1] 张瑞安.陈树湘——红军长征路上的血色丰碑[J].党史文苑,2013(13):28-30.
[2] 中华英烈网.陈树湘:为苏维埃新中国流尽最后一滴血[EB/OL].(2018-09-09)[2022-12-12].http://www.81.cn/yljnt/2018-09/09/content_9276275_2.htm.

侵华蚕华的工具——南满铁道株式会社

一、案例描述

日俄战争后,日本与俄国签订《朴茨茅斯条约》,夺取了中东铁路支线长春到旅大段南满铁路。1906 年 6 月 7 日,日本天皇发布敕令,决定筹建南满洲铁道株式会社。12 月 7 日公司注册正式成立,资本 2 亿日元,日本政府和民间资本各半。后经四次增资,1945 年决定增至 24 亿日元。日本政府直接监督其业务并任命正、副总裁。后藤新平、山本条太郎、松冈洋右等日本军政要人,均担任过满铁株式会社总裁职务。

日本原本是资本不足的国家。满铁株式会社初设时,政府投资是以它在战争中所夺取的铁路等财产抵充,民间股本实收甚少,主要靠在英国发行公司债券周转。但凭借日本政治、军事力量,满铁株式会社发展迅速。九一八事变前,它独霸南满、安奉等铁路和以旅顺港为中心的水运事业,通过贷款攫取吉长、吉敦、四洮、洮昂等铁路的经营实权,并强行索取东北新路权,以扩大势力范围。1907—1930 年,该会社的铁路利润达 8.6 亿日元。它还霸占了东北最重要的煤铁矿山,设立抚顺煤矿、大兴煤矿公司和鞍山制铁所,大肆掠夺煤铁资源。满铁株式会社还向农工商各部门广泛渗透。1931 年,由其投资经营的企业达 57 家。在当时日本对东北的投资总额中,该会社投资占 50% 以上。它还以"附属地"为名,在铁路沿线侵占中国领土,经营市街,征收捐税,扶植各种日本侵略势力。日本政府则在"附属地"内驻军设警,实行殖民统治,俨然成为"国中之国"。

满铁株式会社是日本关东军发动九一八事变、制造伪满洲国的主要参与者,起了别动队和总后勤部的作用。伪满前期,日伪推行的统制与掠夺东北经济的政策,也几乎都是出自该会社成员之手。1932 年,关东军将其占领的东北水陆交通设施交满铁株式会社经营。1935 年日伪收买中东铁路后,亦交满铁株式会社统一经营。伪满实行"一业一社主义",即一个行业由一家特殊会社垄断经营的原则。1936 年,这种特殊会社有 27 家。满铁直接、间接投资占其投资总额的近50％,它垄断了东北的经济命脉,成为日本垄断资本对中国东北投资的主要渠道。

1937年,满洲重工业开发株式会社成立后,满铁株式会社交出大部分重工业企业,但仍然垄断着东北水陆交通业,并拥有抚顺煤矿等重要企业。而且,随着日本帝国主义侵华战争的扩大,满铁配合军事侵略,占领华北5 000公里铁路。该会社子公司——兴中公司,还以"军管"等名义,夺取了华北56家厂矿企业。此外,满铁株式会社还霸占和掠夺山东淄博煤矿和山西大同煤矿。

满铁株式会社拥有一个庞大的调查机关——"满铁调查部"。在将近四十年间,它所进行的政治、经济、资源、社会、历史等重要调查达6 000余项,出版刊物数以百计,对日本帝国主义制定和推行侵略政策起了重要作用。

资料来源:[1]苏崇民.东北沦陷十四年史丛书·满铁史[M].北京:中华书局,1990.
[2]常城,崔丕.世界列强与东北——"九·一八"事变前日本和欧美列强对东北的争夺[M].北京:中国大百科全书出版社,1995.

二、思考讨论题

1. 如何认识日本发动灭亡中国的侵略战争的原因?

2. 讨论如何通过加强学习,认识到日本发动灭亡中国的侵略战争给中华民族带来的深重灾难,认清歪曲历史"否认和美化侵略战争"的错误言论,自觉抵制历史虚无主义。

三、案例解析

南满洲铁道株式会社(1906—1945,简称满铁)是日本政府在中国东北设立的股份公司。它执行日本国策,经营铁路、煤矿等产业和情报调查事业,在20世纪上半期充当着日本帝国主义"经营大陆"的急先锋。满铁在其存在的将近四十年时间里对中国进行经济侵略和掠夺,是日本侵华的大本营。满铁作为日本"大陆政策"的具体实施机关,它的设立是日本侵略扩张政策的体现和必然结果,其渊源需追溯至日本政府在近代形成并执行的对外政策,即以朝鲜为跳板对中国东北实行经济统治和掠夺,进而侵占全中国的"大陆政策"。

所谓"大陆政策",是指作为岛国的日本向中国和朝鲜等大陆国家进行武力扩张,梦想称霸亚洲、征服全世界的侵略总方针。最早实行它的可追溯至16世纪的丰臣秀吉,将之理论化、系统化的是课本所述田中义一的《对华政策纲要》。在日本的"人陆政策"中,中国大陆是其最为关键的步骤。原因何在? 战后日本总结对华战争原因时承认,日本同中国大陆有着民族生存所不可缺少的联系,"日本为了生存,必须从大陆取得大部分的粮食、燃料及工业资源等。国家的生存之道有待于自己开辟"。而日本找到的最直接有效的途径,就是把中国领土当作自己的利益线和生命线,以侵略来扩大其生存空间,以掠夺为其资本主义发展输血。正因为如此,日本"对华战争的本质,归根结底就是日本对中国大陆的依赖乃民族生存和国家存在所不可少的条件"。

南满铁道株式会社作为20世纪前半期日本帝国主义为推行其"大陆政策"而在中国设

立的规模最大、活动最广的殖民侵略机构，是真正意义上的日本"国策会社"。通过材料我们可以看出南满洲铁道株式会社对我们的东北、华北及其他占领区实施了疯狂的经济掠夺。不仅如此，至九一八事变时，满铁利用铁路"附属地"特权，在其"附属地"内建街市、办学校、修神社、开工厂、驻扎军队、藏污纳垢，使之成为完全脱离于中国主权的"独立王国"，成为对中国进行政治、经济、军事、文化侵略的基地。满铁在东北掠夺的资源和攫取的暴利，除满足日本国内需要外，大都用来支持日本对华侵战争，满铁成为日本对外侵略名副其实的后勤机关。

满铁不仅进行经济掠夺，还直接配合日军进行侵华战争，在九一八事变和七七事变全面侵华战争中，承担了几乎所有的路事运输，可以肯定地说，没有满铁的协助，日军不可能在短时间内占据我国半壁河山。作为满铁的主要业务之一的情报调查和特务活动，存续近四十年从未间断，为日军的军事侵略提供了可靠的依据。在辽宁档案馆发现的关于南京大屠杀的档案，有力地证明，满铁也参与了这一惨无人道的屠城行径。

九一八事变后，满铁将铁道附属地的行政权移交伪满洲国。从此以后，满铁为了配合日本军国主义发动侵华战争，致力于修建铁路、开采煤矿并进行各种情报的调查工作。满铁还肩负着一项更为隐蔽的使命，就是通过创办各种学校，利用教育这件漂亮的外衣，暗地里从事奴化东北人民的丑恶行径。

在九一八事变后，日本迫使各学校暂时停课，关闭东北的学校、图书馆等文化教育机关，甚至采取了轰炸学校等恶劣手段进行打击。九一八事变之前，东北共有三十余所大专院校，事变之后，几乎全部被查封或毁坏。1938年以后，为了奴化教育的需要，重新开放了其中的10所大学。在奴化教育的长期高压政策下，广大东北人民特别是青少年无法接触到进步思想，只能接受日本帝国主义推行的愚民政策。殖民者在学校里大肆宣讲修身课、日满亲善课、中日共存荣辱课，宣传奴化思想，并按照他们的需要束缚和麻痹中国学生的思想。同时，高唱日本军歌、国歌，遥拜日本天皇成为中国学生每日被强迫必做之事，企图让中国青年学生尽快忘掉我国优秀的传统文化，甚至还希望他们从思想上和行为上背叛自己的国家。奴化教育对东北青少年的价值观、人生观和世界观都造成了巨大的负面影响。

满铁在存在的近四十年时间里，不断对东北地区进行着疯狂的掠夺和压榨，用我国人民的血汗支撑着日本军国主义侵略机器的持续运转。满铁在对东北地区进行经济掠夺的同时，还对其非法统辖区的人民强制实施了奴化教育。奴化教育与军事经济等手段并用，从而达到全面奴役中华民族的企图。虽然时间已经进入21世纪，但满铁的侵略史实和滔天罪行，我们每一个中华儿女都不应该淡忘。

四、教学建议

此案例可用于第六章第一节"日本发动企图灭亡中国的侵略战争"部分的辅助教学。通过本案例的教学，使学生了解南满铁道株式会社是日本帝国主义侵华蚕华的工具，它打着"开发""建设"的幌子，干着侵占、掠夺、榨取和奴役的勾当。满铁株式会社充当日本军国主义侵略中国的重要工具和急先锋，侵吞东北地区的财富，掠夺东北的资源，奴役东北的人民,榨取东北人民的血汗,将一个富庶的地区变成人间地狱。

在案例讲述过程中要注意引导学生深入思考日本侵华的原因,通过对满铁的丑恶嘴脸的揭露让学生明白,满铁的设立绝非偶然,它是日本帝国主义蓄谋已久的侵略扩张政策的一个具体实施步骤,是既定政策中必然的一环,是整个侵略机器上的一个齿轮和传送带。满铁不只是个经济机构,而是与英国东印度公司具有同样性质的殖民公司,它与关东军、关东厅互相配合,成为执行日本帝国主义侵略中国的"大陆政策"的派出机关和重要工具。了解这一点,就能深刻地领会满铁"国策会社"的性质,揭露其侵略掠夺的本性和实质,给中国尤其是东北、华北地区的中国人民带来的深深伤害,从而我们得出结论:"日本侵略者在其占领区实行残暴的殖民统治,对抗日民主根据地疯狂摧残,犯下了空前严重的罪行,给中华民族造成了极为深重的灾难。"(《中国近现代史纲要》,高等教育出版社2021年版,第137页)

▪ 五、教学反思

近年来,历史虚无主义颇为活跃,它打着"解放思想""反思历史""范式转换"等旗号,以主观代替客观、以细节代替整体、以臆想代替史实、以支流代替主流,进而歪曲历史、消解革命、否定崇高。历史虚无主义拿历史做文章,目的却不是为了深化历史研究,而是要否定马克思主义的指导地位和中国走向社会主义的历史必然性,否定中国共产党的领导。对此,我们必须有十分清醒的认识,这正是我们开设"中国近现代史纲要"这门课程的主要目的。

面对曾经的民族苦难和悲惨记忆佯装无知并以此为乐,借助互联网社交平台美化侵华日军犯下的令人发指的罪行,穿着侵华日军的军装拍照并肆意侮辱民族英雄,以此为乐而不知羞耻。为了表达对日本的崇拜与喜爱,不惜为历史打开怀疑主义、相对主义和主观主义的大门,将历史本身、历史事实和历史价值全部虚无化,其本质不过是历史虚无主义的旧调重弹,是历史虚无主义在当下的沉渣泛起。如果任由"精日"言论和行为传播、蔓延,不仅会伤害民族情感与国家尊严,也会涣散中华民族的凝聚力和向心力,更会影响人们形成正确的历史观,因而必须加以反对和控制。当前,消除"精日"现象,要正本清源,从根除滋生"精日"现象的历史虚无主义入手,坚持在唯物史观的指导下深入开展历史研究,用真实的历史事实驳斥"精日"分子的错误言行,着力推进历史通识教育和道德塑造工程,把党史国史革命史作为思想政治教育的重要内容,同时要用法律捍卫历史底线,不允许任何人践踏、亵渎和侮辱中国人民在历史奋斗过程中形成的宝贵历史记忆和民族精神。

参考文献

[1] 李红梅,萨殊利.南满洲铁道株式会社的设立与日本侵华政策[J].北方交通大学学报(社会科学版),2003,2(4):72-73.

[2] 吕汝泉.浅析满铁对东北经济与文化的侵略[J].沧州师范学院学报,2013,29(4):56-58.

[3] 谢嘉.日本侵略者在华北沦陷区的奴化教育罪行[J].档案天地,2003(S1):26-27.

[4] 赵群.伪满时期日本帝国主义在东北地区的奴化教育及危害[J].社会科学辑刊,2002,2(6):135-136.

戴安澜：异国铁血铸忠魂

一、案例描述

作为黄埔军校第三期步兵科学员，戴安澜年少得志，1939 年 1 月，便升任中国第一支机械化部队——第 5 军第 200 师师长。12 月，在桂南的昆仑关战役，戴安澜率部与敌苦战一月，毙敌 6 000 余人，击毙日军前线指挥官第 5 师团第 12 旅团旅团长中村正雄少将，一战成名。当时报章盛赞"戴安澜师长颇具北宋大将军狄青的风度"。

太平洋战争爆发后，应美国和英国的一再请求，1942 年初，中国组建了中国远征军开赴缅甸。戴安澜奉命率第 200 师作为中国远征军的先头部队赴缅参战，"扬威国外，藉伸正义"。

戴安澜将军率部于 1942 年 3 月 2 日，经云南边境进入缅甸境内，部队于 3 月 10 日在缅甸的同古（又名东瓜）集结完毕，受命死守。

同古是阻止日军北侵的重镇。3 月 18 日，日军向驻守同古的第 200 师各主要阵地发起了进攻。面对数倍于己的日军，戴安澜表示了决一死战之信念，于当晚召集全师营以上军官开会，立下"誓与同古共存亡"的遗书。

戴安澜立下军令状："如本师长战死，以副师长代之；副师长战死，以参谋长代之；参谋长战死，由步兵指挥官替代，各级照此办理。"

在十多天激烈的同古保卫战中，戴安澜率部奋战，以少胜多，击毙敌军 5 000 余人，取得了出国参战的首次胜利。

同古一战大捷之后，戴安澜奉命收复棠吉。经过一天激战，棠吉被攻克，捷报传来，举国欢欣鼓舞。然而，由于大批日寇由泰国、老挝边境窜入中国军队后方进行围攻，戴安澜部队陷入日军重围，形势危急，上级急令其突围回国。突围途中，部队突遭日军重兵伏击，亲临督战的戴将军身负重伤，八天后流尽最后一滴血，以身殉国，年仅 38 岁。

战士将其骨灰带回国内，在云南省的腾冲县，由县长张问德领全县父老乡亲沿街而跪，迎接第 200 师的官兵。

1943 年 4 月 1 日，国民政府在广西全州的香山寺为戴安澜举行了国葬仪式。国共两党的领导人纷纷送来挽诗、挽联和花圈，对戴安澜的以身殉国给予极高的评价。

1942 年 10 月 29 日，美国政府向其颁授懋绩勋章一枚，戴安澜将军成为第二次世界大战反法西斯斗争中第一位获得美国勋章的中国军人。美国总统罗斯福签署的命令中说："中华民国陆军第 200 师师长戴安澜将军于 1942 年同盟国缅甸战场协同援英抗日时期，作战英勇，指挥卓越，圆满完成所负任务，实为我同盟国军人之优良楷模。"

1956 年 9 月 21 日，中华人民共和国中央人民政府内务部追认戴安澜将军为革命烈士，

10 月 3 日,毛泽东主席向戴安澜的遗属颁发了《革命牺牲军人家属光荣纪念证》。

2009 年 9 月 10 日,在"100 位为新中国成立作出突出贡献的英雄模范人物和 100 位新中国成立以来感动中国人物"评选活动中,戴安澜被评为"100 位为新中国成立作出突出贡献的英雄模范人物"。

资料来源:[1] 铁血军武. 第一个获得美国勋章的中国军人戴安澜[EB/OL]. (2018 - 5 - 17)[2022 - 7 - 31]. https://www. sohu. com/a/233048347_99893249.

[2] 鲍晓菁. 戴安澜:马革裹尸的抗战将军[EB/OL]. (2019 - 1 - 22)[2022 - 12 - 15]. http://www. ccphistory. org. cn//shds/shhm/content/7d12c3f1-f466-4b24-95c3-98b5acf93c1c. html.

二、思考讨论题

1. 思考戴安澜被评为"100 位为新中国成立作出突出贡献的英雄模范人物"的原因。

2. 讨论如何正确评价国民党在抗日正面战场发挥的作用。为什么说国民党正面战场与共产党敌后战场都不可或缺?

三、案例解析

习近平总书记指出,中国人民抗日战争异常惨烈,从战略防御到战略相持,进而发展到战略反攻,无论是正面战场还是敌后战场,中国人民同仇敌忾、共赴国难,铁骨铮铮、视死如归,奏响了气壮山河的英雄凯歌。杨靖宇、赵尚志、左权、彭雪枫、佟麟阁、赵登禹、张自忠、戴安澜等一批抗日将领,八路军"狼牙山五壮士"、新四军"刘老庄连"、东北抗联冷云等八位女战士、国民党军"八百壮士"等众多英雄群体,就是中国人民不畏强暴、以身殉国的杰出代表。正所谓"诚既勇兮又以武,终刚强兮不可凌。身既死兮神以灵,魂魄毅兮为鬼雄"。

1937—1945 年,国民党正面战场先后进行大战役 22 次,重要战斗 3117 次,小战斗 3.89 万余次,毙伤日军 85.9 万余人,自己付出 322 万多人的重大伤亡。尤其值得肯定的是,国民党军队的广大爱国官兵,曾经在前线与日本侵略者奋勇作战,不怕流血牺牲,表现了强烈的爱国主义精神,涌现出佟麟阁、赵登禹、张自忠、郝梦龄、戴安澜、王铭章、谢晋元等一批为国捐躯的爱国将领,为中国抗日战争的最后胜利贡献了力量。

分析此案例,戴安澜将军用一腔热血,谱写了中国军人的精神。但是,第一次远征还是以失败而告终,中国彻底失去了滇缅公路这条唯 的陆上交通线,小得不开辟飞越喜马拉雅的"驼峰航线",并修建中印公路以输送国际援华物资。究其原因自然是多方面的,诸如西方固有的对中国人轻视、远征军对于热带丛林作战准备不足、中国军队与日军军备差距大等,其根本原因还是在于国民党所实行的片面抗战路线,尤其是在战略相持阶段后期国民党对抗战在全局上渐趋消极,基本上实行保守的收缩战略,以保存实力。在世界反法西斯战争胜利发展、抗日敌后战场开始局部反攻的有利条件下,国民党军队的战斗力却日益下降。以至于出现了豫湘桂战役那样大面积的溃败。这一切都是片面抗战路线、消极抗战、积极反共所带来的恶果。

习近平总书记强调："全民族抗战是中国人民抗日战争胜利的重要法宝。""中国人民抗日战争胜利是全民族抗战的胜利,是全体中华儿女的荣光!"在中国共产党倡导建立的以国共合作为基础的抗日民族统一战线旗帜下,地不分南北,人不分老幼,全国人民义无反顾投身到抗击日本侵略者的洪流之中。面对武器装备远胜于自己的敌人,中国军民英勇不屈,在很多情况下几乎是以血肉之躯奋勇抵抗,以奋不顾身的精神弥补了装备上的劣势、缓解了战场上的危机。在抗日民族统一战线旗帜下,中国人民同仇敌忾、共赴国难、铁骨铮铮、视死如归,奏响了气壮山河的英雄凯歌。因此,习近平总书记深刻指出:"中国人民抗日战争胜利是中国共产党发挥中流砥柱作用的伟大胜利。"

四、教学建议

此案例可用于第三节"抗日战争的正面战场"总结部分的辅助教学,以引导学生主动思考全民族抗战的背景下,国共两党不同的抗战路线以及各自在抗战的作用,从而引发对第四节"抗日战争的中流砥柱"教学内容的学习兴趣。亦可以引导学生深入思考,在现实条件下,在爱国民主统一战线的基础上以"一个中国"为原则,实现祖国统一大业,为中华民族伟大复兴迈出坚实的一步。

抗日战争的胜利是在国共合作、抗日民族统一战线形成和中国人民广泛支持基础上获得的巨大胜利。教师应当让学生理解到,对于历史的学习是客观全面的,戴安澜的案例便是正面战场学习的重要典型,也可借助其他关于正面战场迎战日军的案例进行教学。

五、教学反思

此案例除承担承上启下的作用外,一个最为重要的功能就是在课堂理论教学中消解存在于学生中的"历史虚无主义"思想。很多年里,我们缺少对于在抗日战争中作出过重要贡献的国民党籍爱国将领的宣传,尤其是像戴安澜将军这样的热血衷肠式的抗日志士更是值得我们年轻一辈永远学习。他们之所以能有此英雄壮举,首先因为青年时代受到资产阶级启蒙思想和中华民族优良传统的熏陶,有浓厚的爱国情感;其次,他们多数是黄埔军校前几期毕业生,受过革命思想和进步思想的影响;再次,他们能够站在时代的高度放眼未来,他们中的大多数人在青年时代便以孙中山先生为偶像,以天下兴亡为己任投身革命。正因如此,他们才能在民族危亡时刻挺身而出,投身抗日洪流。

紧密结合中国近现代的历史实际,通过对有关历史进程、事件和人物的分析,进一步明确中国近现代历史的主题、主线和主流、本质,懂得珍惜中国人民英勇奋斗的历史,警惕和反对历史虚无主义,提高运用科学的历史观和方法论分析和评价历史问题、辨别历史是非和社会发展方向的能力,这是我们"中国近现代史纲要"重要的课程目标。近年来,历史虚无主义沉渣泛起,因其披着"档案解密""还原真相"的外衣,同时借助网络媒介煽风点火,流毒至深,对大学生亦影响甚广。"中国近现代史纲要"课程兼有历史课和政治课双重性质,是反对历史虚无主义的主阵地、主课堂。课程教学必须旗帜鲜明地反对历史虚无主义,筑牢防线、夯实基础、明确重点、把准关键、完善策略,扫除历史虚无主义对高校和大学生的影响。

参考文献

［1］舒平.第一个获得美国勋章的中国军人戴安澜［J］.文史月刊.2005(03):19-24.

［2］钟振振.读毛泽东《五律·挽戴安澜将军》［J］.中学语文教学参考.2021(19):18-20.

［3］杜越.抗日战争中牺牲的国民党爱国将领英雄行为析［J］.阴山学刊.1997(02):51-54.

教学案例三

指引抗战胜利的灯塔——《论持久战》

一、案例描述

"地道战,嘿! 地道战,埋伏下神兵千百万……"每当这首激昂澎湃的歌曲响起,熟悉的旋律很快能在无数人脑海中编织出一幕幕黑白画面:村庄化为战斗的堡垒,抗日军民们扛着土枪洋枪,挥动大刀长矛,时而冒出地面袭击,时而遁入地道隐蔽,以游击战术将鬼子打得晕头转向。正是这部经典抗日电影《地道战》,多年来持续不断地重新放映,给几代人形成了共同记忆。

在这部电影中,推动电影情结的重要道具是一本书,一本极有传承的书——《论持久战》。冀中平原上的高家庄在抗日战争时期,老村长在区里开会,遇到敌人突袭,突围时身负重伤,牺牲前把毛主席的《论持久战》交给了另一位共产党员高老忠同志。老村长牺牲后,党支部在高老忠组织下第一次集体学习《论持久战》,高老忠特地翻到这一页,让妇救会主任林霞给大家念一念。

显然,这是他自己先读了,并且读懂了,弄通了之后才让大家一起来学习的。"动员了全国的老百姓,就造成了陷敌于灭顶之灾的汪洋大海,造成了弥补武器等等缺陷的补救条件,造成了克服一切战争困难的前提。"高老忠接着谈了自己的体会,强调依靠群众,发动群众——这是毛主席说的。实际上这段话就是《论持久战》中"兵民是胜利之本"的思想论断,也是在这次动员后,抗日军民们重新打起精神,挖掘地道、积极备战。日伪军再度进村"扫荡",高老忠敲钟为大家预警,不幸牺牲,而全村抗日军民也借助地道得以保存有生力量。

高老忠同志牺牲后,林霞担任了党支部书记,她在高传宝密切配合下,组织党员骨干第二次集体学习《论持久战》:"战争目的中,消灭敌人是主要的,保存自己是第二位的,因为只有大量地消灭敌人,才能有效地保存自己。"影片后半部分的内容,基本围绕着这次高传宝所读的《论持久战》展开。

关于《论持久战》,大部分人的认知可能都来自中学时的历史课本,但寥寥数语很难概括出全书的精髓。

那么在《论持久战》中,毛泽东到底说了些什么?

他首先全面分析了中日战争所处的时代和中日双方的基本特点,阐述了中国抗日战争的持久战总方针,批驳了"亡国论"和"速胜论"。

"中日战争不是任何别的战争,乃是半殖民地半封建的中国和帝国主义的日本之间在二十世纪三十年代进行的一个决死的战争。"

战争的双方存在互相矛盾的基本特点是"日本的军力、经济力和政治组织力是强的,但其战争是退步的、野蛮的,人力、物力又不充足,国际形势又处于不利。中国反是,军力、经济力和政治组织力是比较地弱的,然而正处于进步的时代,其战争是进步的和正义的,又有大国这个条件足以支持持久战,世界的多数国家是会要援助中国的"。

"这些特点,规定了和规定着双方一切政治上的政策和军事上的战略战术,规定了和规定着战争的持久性和最后胜利属于中国而不属于日本。"

"亡国论"者只看到敌强我弱这一个特点,"速胜论"者则根本忘记了敌强我弱这一特点。

接着,毛泽东非常有前瞻性地预见了中国持久抗战将经历的三个阶段:第一个阶段,是敌之战略进攻、我之战略防御的时期。第二个阶段,是敌之战略保守、我之准备反攻的时期。第三个阶段,是我之战略反攻、敌之战略退却的时期。

他着重分析了争取战略相持阶段到来的条件和相持阶段中敌我斗争的形势,提出:"这个第二阶段是整个战争的过渡阶段,也将是最困难的时期,然而它是转变的枢纽。中国将变为独立国,还是沦为殖民地,不决定于第一阶段大城市之是否丧失,而决定于第二阶段全民族努力的程度。如能坚持抗战,坚持统一战线和坚持持久战,中国将在此阶段中获得转弱为强的力量。"

这是一个极其精准的预测,因为后来的战争走势,也确实如毛泽东预言的那样。这种神奇的预言,颇有"先知"的风范。

但《论持久战》并不仅仅是停留在了揭示方向和阶段的层面,毛泽东还阐明了抗日战争作战的形式和方针——在进行必要的阵地战的同时,必须着力开展运动战和游击战,主要是运动战,其次是游击战。可以利用地广和兵多两个长处,不作死守的阵地战,采用灵活的运动战,以几个师对他一个师,几万人对他一万人,几路对他一路,从战场的外线,突然包围其一路而攻击之。

他明确了八路军的战略方针是:"基本的是游击战,但不放松有利条件下的运动战。"

他还提出"兵民是胜利之本",阐明人民战争思想,说:"武器是战争的重要的因素,但不是决定的因素,决定的因素是人不是物。力量的对比不但是军力和经济力的对比,而且是人力和人心的对比。军力和经济力是要人去掌握的。"

"战争的伟力之最深厚的根源,存在于民众之中。"

《论持久战》一经出世即被奉为神作,所造成的影响绝不仅仅局限在我党内部。时任国民政府军事委员会副参谋总长的白崇禧几度赞赏《论持久战》的观点,认为这是克敌制胜的最高战略方针。后来白崇禧又转述给蒋介石,蒋介石也十分赞成。在蒋介石的支持下,白崇禧把《论持久战》的精神归纳成两句话:积小胜为大胜,以空间换时间。由军事委员会通令全国,作为抗日战争的战略指导思想。

《论持久战》刚一发表，就被日本最大的综合杂志《创造》以惊人的速度介绍到了日本，所以《论持久战》最早的外文译本，不是英文版，而是日文版，译者是增田涉，此人还是鲁迅的好友。由于日本当时特殊的社会环境，虽然有一些聪明人意识到了《论持久战》的厉害之处，但总体对日本人的影响不大。随着战争的继续，文中所言逐渐应验，日本高层也逐渐对其重视起来，特意印发了《毛泽东抗日言论选集》，把《论持久战》《新民主主义论》等五篇毛泽东的著作收录其中，秘密地供内部"执务参考用"，也就是背地里偷着学。刚刚接任华北最高司令官的冈村宁次，拿着一本翻烂的《论持久战》走马上任。之后他还跟手下军官探讨过，并充分肯定了《论持久战》预言的准确。最后提出了破解持久战的方法——以华制华，并指挥日军对八路军各抗日根据地进行了残酷的大"扫荡"，对华北地区的平民实行惨绝人寰的"三光政策"。甚至有一种民间传闻，裕仁天皇的弟弟三笠宫崇仁亲王在中国待了一年，看了《论持久战》后萌生反战思想，回国后策划刺杀东条英机。至于普通士兵，当年有个叫斋藤邦雄的日本兵，不仅看过《论持久战》，后来还成了坚定的反战分子，回国后还净说毛泽东和八路军的好话。

资料来源：［１］周渝.《地道战》诠释《论持久战》的核心精神［J］.国家人文历史.2021（13）：82－84.

［２］郭泉真，林环，陶晓晖.《论持久战》：对手都折服的时代鸿篇［N］.解放日报，2005－5－27(12).

二、思考讨论题

1.《论持久战》的重大影响及对抗日战争的指导意义是什么？

2. 如何认识和理解《论持久战》的时代价值？

三、案例解析

近代以来，我国在反侵略斗争中屡屡战败。九一八事变后，一些人宣扬战必败的"亡国论"，拖延了反击日本侵略的进程。全面抗战爆发后，国民党军队在正面战场上节节败退，"亡国论"再度甚嚣尘上，以汪精卫为首的亲日投降派宣扬"再战必亡"蛊惑人心。与此同时，以蒋介石为首的亲英美派则希望在英、美、苏等国的干涉下尽快结束战争。台儿庄战役胜利后，又冒出了"速胜论"。《大公报》的文章就指出，"这一战就是准决战"，日军在此战中失败了，"就离崩溃不远"。在共产党内，也有不少人认同"速胜论"，对战争的长期性、艰巨性缺乏理性认识。"亡国论"与"速胜论"的蔓延造成了严重危害，极易导致战略误判，扰乱抗战的正常进程。

早在瓦窑堡会议上，毛泽东就指出，"要打倒敌人必须准备作持久战"。随着抗战形势的发展，为了有效肃清"亡国论""速胜论"的恶劣影响，正本清源，毛泽东在《论持久战》中对持久战战略进行了系统论证。他从时代特征、军事力量、战争性质、国际援助等方面，对中日双方的实际情况进行了全面、客观的考察。他指出，日本发动战争于法西斯国家大崩溃的前夜，处于退步的时代，虽然在军事力量、军事设备、经济力和政治组织力上远远强于中国,但发动非正义、退步、野蛮的侵略战争,必定会受到本国人民的反对和国际社会的谴责。加之"日本是小国,地小、物少、人少、兵少",必然难以支持长期战争。反观,中国则处于历史上进步的时代,已经拥有了先进的领导阶级、觉悟或正在觉悟的广大人民、政治上进步的军队和数十年的革命经验。而且"中国是大国,地大、物博、人多、兵多",正义、进步的反侵略战争能够得到本国人民和国际社会的广泛支持,所以绝不会亡国。但是在全面抗战初期,"敌我强弱的程度悬殊太大,敌之缺点一时还没有也不能发展到足以减杀其强的因素之必要的程度",所以中国也不会速胜。经过系统的比较分析后,他得出令人信服的结论:"亡国论""速胜论"都是非科学的,"抗日战争是持久战,最后胜利是中国的"。

"不谋全局者,不足谋一域。"战略思维作为一种高瞻远瞩、统揽全局、把握事物发展总体趋势与方向的思维方法,体现的是看问题的高度和深度,是对国家和民族未来走向的战略思考。1936 年 12 月,毛泽东同志在陕北红军大学所作的《中国革命战争的战略问题》讲演中就深刻指出:"我们的战略是'以一当十',我们的战术是'以十当一',这是我们制胜敌人的根本法则之一。"在《论持久战》中,毛泽东同志又从战略与战术相结合的高度,科学分析了抗战规律,系统阐述了中国抗战理论。文章指出,抗战要经历敌我力量对比变化的三个阶段,因而必然是长期和艰苦的,需要有足够的耐心。这种耐心,是一种战略定力,是对于抗战未来走向的一种高度自觉与自信。壮烈的抗战史,也以事实雄辩证明了持久抗战战略的正确与伟大。

"人民是历史的创造者,群众是真正的英雄。"以人民为主体,信仰人民、依靠人民、动员人民,是中国共产党由小到大、由弱到强,在历次斗争中克敌制胜的重要法宝。《论持久战》批评片面依靠政府和军队的抗战路线,提出了"兵民是胜利之本"的决胜方针,提倡大力依靠民众的全民抗战路线,吹响了开启人民战争的嘹亮号角,将当时人们对战争的认识提升到一个全新境界。中国抗战,是一场家国之战,也是一场民心之战,中国共产党领导的抗日力量在战争中成为民族的中流砥柱。

《论持久战》认真总结了中日战争打到 1938 年 5 月已经打了十个月的基本经验,从中日两国的比较关系中提出了抗日战争的持久战战略方针;从战争与政治的关系中作出了中日战争的最后胜利是属于中国的正确判断;从战争与人的关系中提出了游击战是人民战争的重要形式的战略战术。

四、教学建议

此案例可用于第四节"抗日战争的中流砥柱"第一目第二个知识点"持久战的战略方针"的辅助教学。可用以引导学生加深对《论持久战》这一马克思主义中国化代表之作的了解,帮助学生在心里埋下探究"理论之美"的种子,对拓宽学生知识面,学会用马克思主义的立场观点和方法处理实际生活中的各种问题,进一步提高新时代青年学生的思想政治素质,坚定青年学生理论自信、掌握科学的思维方式、增强思政课教学的实效性等方面都有积极的作用。

在教学实践中可以引导学生进行原文朗读。教师可通过《论持久战》产生背景、重要作用和意义作为线索,阐述中国共产党坚持全面抗战、持久抗战的路线方针,中国共产党成为中华民族抗日战争的中流砥柱,为抗战胜利作出卓越贡献的重要原因之一是它根据中国国情实行了正确的、行之有效的、受民众拥护的行动纲领与斗争策略。

五、教学反思

学生在平常的学习过程中接触马克思主义经典作家的文章不多,我们总是在理论教学中教育学生一切从实际出发,而《论持久战》便是反映这一马克思主义基本要求的典范,并且是在伟大的抗日战争中被证明了的正确理论。《论持久战》这篇文章不仅分析了为什么是持久战,为什么最后胜利属于中国,同时还对怎样进行持久战、怎样争取最后的胜利提出了相应的办法。提出并解决问题,成为运用辩证唯物主义和历史唯物主义解决抗日战争问题的光辉典范,成为抗日战争期间中国人民的指导思想。

坚定青年学生"四个自信",首先从坚定理论自信开始,坚定他们对中国特色社会主义的理论认同。"中国近现代史纲要"作为"毛泽东思想和中国特色社会主义理论体系概论"课程的前置课程,根据课程的实际情况,适当引入特殊历史时期具有代表性的著作,向学生展示其创作的社会历史背景、历史影响和意义,理论著作的"纲"与"要",增强学生对中国特色社会主义理论的自信,帮助其真学、真懂,逐渐真用马克思主义理论,从思想深处真正认识和体会中国特色社会主义理论体系的正确性和科学性,深刻认识这一理论体系是当代中国唯一正确的科学理论和实践,以中国梦来激励和鞭策自己,用改革开放以来的成效和享受改革开放的成果来显示这一理论的实践效果,积极投身中国特色社会主义的具体实践,牢固树立中国特色社会主义"四个自信"。

参考文献

[1] 周渝.《地道战》诠释《论持久战》的核心精神[J].国家人文历史,2021(13):82—84.

[2] 郭泉真,林环,陶晓晖.《论持久战》:对手都折服的时代鸿篇[N].解放日报,2005-05-27(12).

[3] 秦明月,赵昭.从《论持久战》看中国共产党在抗日战争中的中流砥柱作用[J].党史文苑,2017(10):4-8.

[4] 张清雅.打赢疫情防控阻击战的认识论探究——基于《论持久战》[J].中共太原市委党校学报,2021(02):29-34.

教学案例四

八女投江　烈女标芳

一、案例描述

绵延的乌斯浑河位于黑龙江林口县刁翎镇三家子村西北的柞木岗山东麓。浪涛奔涌、依旧冰冷刺骨的河水,激荡起历史深处的悲壮记忆。穿越历史的烽烟,回到1938年乌斯浑河畔那个阴冷、肃杀的秋天,曾有八位女杰殉难于此,震撼几代国人的"八女投江"一幕,就发生在这片山水之间。时光荏苒,"八女投江"的故事被改编成电影、电视剧和话剧,广为传颂。

艰难的西征之路

1938 年初,风雪、严寒、饥饿像瘟疫一样缠绕着与日寇苦战了数年的东北抗联战士。西征军中有许多女同志,她们同男战士一起,跋山涉水,肩并肩地进行战斗。她们是战斗员,又是宣传员,还要承担着医护人员的作用。

1938 年 5 月间,远征部队刚一集结就遭到了敌人的阻击,出发后又受到围追堵截,他们一路苦战,不久便处于"内无给养、外有追兵"的困难境地,直到 6 月下旬才克服重重困难,到达远征集结地牡丹江下游的刁翎地区。

1938 年夏,部队来到了珠河(今尚志市)楼山镇,在这里妇女团参加了攻打楼山镇的战斗。此役我军共俘敌军中队长以下六七人,缴获机枪两挺、步枪近百支,弹药四万发以上。

楼山镇战斗的胜利令日寇万分惊恐,他们调集重兵对西征的部队进行"围剿",企图对西征军形成包围,将抗日联军消灭在西征途中。

历尽千辛抵达乌斯浑河畔

为了摆脱穷追不舍的敌人,第四、第五军分兵两路继续西进。两军妇女合并起来,原属第四军的女同志并入冷云所在的第五军妇女团,随第五军第一师行动。

8 月,抗联西征部队抵达苇河,在活动时被日军发现,遭到敌人重兵围追堵截,第五军第一师拼到最后只剩下一百余人。西征不成,这支队伍决定返回牡丹江下游刁翎地区寻找军部。这时原有三十余人的妇女团,只剩下指导员冷云,班长杨贵珍、胡秀芝,原第四军被服厂厂长安顺福,战士郭桂琴、黄桂清和王惠民等八名同志。她们年龄最大的是指导员冷云 23 岁,最小的战士王惠民才 13 岁。

历尽千辛万苦的妇女团八名女兵终于在 1938 年 10 月 19 日夜里来到乌斯浑河边。

一江秋水葬英魂

东方泛白,乌斯浑河升腾的白雾漫过山岗。师长关书范命令会泅水的师部参谋金世峰带领八名女战士先行渡河。

金世峰参谋先下河探水,向对岸游去。他让冷云等跟在后边,可还没等冷云她们下河,岸上骤然响起了枪声,是夜里包围上来的敌人,开始向我军发起进攻。

事发突然,战士们仓促应战,抗联的部队此时处于不利位置,于是大部分战士边打边向西边的密林中撤退。

女兵们此时处在与部队分开的状态。千余名敌人的火力死死地咬住撤退的战士们,想要突围困难重重。河边的女兵们过河也是不可能的,因为都不会游泳。但她们这时可以在那柳条通里隐蔽不动,待敌人追击战友远去后就有了生存的机会。

柳条通里突然射出了愤怒的子弹。原来,在此生死关头冷云果断地选择了从背后袭击敌人,掩护大部队突围。这突如其来的枪声令敌人以为中了埋伏,慌忙抽出一部分兵力向她们还击,大部队乘机突出了日军的包围圈。

此时,天逐渐亮了起来,敌人连连用迫击炮向河边射击,柳条丛被炸,八女隐身的屏蔽物几乎被毁。敌人趁着炮火掩护发起了冲锋。他们兵分三路,形成三面包剿之势。八名抗联女战士在冷云的指挥下,一边射击,一边向敌群中投掷手榴弹。

已突围的抗联一师领导人发现八名女战士为掩护大队突围,仍据守在河边牵制敌人,于是率队折转回来,想杀开一条血路,把冷云等八名女战士接出去。但敌人用炮火死死控制住山口,接应队伍伤亡很大。八名女战士立即运用抗联传统的齐声喊话方式对着青山密林高喊:"同志们,不要管我们!保住手中枪,抗日到底!"

打退敌人的数次冲锋后,冷云转头看着战友们,见战友们都不同程度地负伤了,便架起负伤的战友,迅速地撤到河边的土坎下。这几名女战士已经走投无路了,在最后的时刻,冷云和战友们互相搀扶着下到河里……

半个月后,闻知此事的抗联第二路军总指挥周保中在日记中写道:"乌斯浑河畔牡丹江岸,将来应有烈女标芳!"如今,在乌斯浑河畔的八女投江遗址纪念馆大堂内,八位女战士的塑像一字排开,"八女英魂,光照千秋"八个大字,映照着她们青春的面庞,也映照着她们用生命守护的土地。

资料来源:谭湘竹.八女投江千古流芳[N].黑龙江日报,2018-10-22(03).

二、思考讨论题

1. 了解了"八女投江"的壮举,你有什么样的感受?

2. 你怎样理解中国共产党人不怕流血牺牲的模范行动,这种精神力量在抗日战争中发挥了怎样的作用?

三、案例解析

"八女投江"集中体现了对党忠诚、舍身报国、敢于革命、英勇斗争的品质。冷云、杨贵珍、胡秀芝、安顺福4人是党员,"八女"始终在党的领导下战斗,直至用生命书写了对党的绝对忠诚、舍身报国的精神。

她们为保家卫国毅然走上革命道路。她们不仅发挥文化、文艺特长,教战士们识字,活跃部队文化生活,还和抗联男战士一样跋山涉水,英勇作战。日伪军围攻时,她们并没有被发现,完全可以渡河求生,但她们把生的机会留给大部队。

八位女战士牺牲时,年龄最大的冷云和安顺福只有23岁,年龄最小的王惠民才13岁。这个年龄本应在校园、家庭中享受快乐。她们或是有父母,或是有丈夫、孩子,有的有恋人。为了共同抵抗侵略者,她们参加抗联,辗转于艰苦战斗之中。除了冷云留有几张学生时代的照片,其他女战士都没有留下照片,如今我们看到的她们的形象是根据老抗日战士的回忆描绘的画像。

当年抗联的斗争异常残酷,由于没有档案,有人用的是化名,大多数牺牲的人并没有留下名字。一开始,八位女战士的名字还不全,大部分事迹也是空白。经过比对回忆录、实地考察等,很多事迹才"浮现"。八位女英雄代表的不仅是东北抗联女战士群体,更是那群奋战在白山黑水之间、林海雪原之中英勇无畏的抗联英雄的群像。

九一八事变后,日本对中国东北展开猛烈进攻,4个月内,东北沦陷,日本为了更好地将东北变为自己的殖民地,加强自己的统治,建立了"满洲国"傀儡政权。日本不仅屠杀了大量中国人,还肆意掠夺东北的财产,篡改历史,拆除中国学校,重新建立学校,并将日语列为必学的主要课目。日本所做的一切都是企图奴化东北人民的思想,并将东北变为日本侵略中国的战略基地。在中华民族生死存亡的危难时刻,东北各阶层人士集结起来,成立东北抗日联军。在中国共产党的带领下,东北抗联不畏日伪军的残迫杀害,勇敢杀敌,与日军顽强战斗,消灭大量日伪军,这种精神激发了广大爱国人士的爱国热情,形成的爱国主义精神激励着我们不断向前。

东北抗联是抗日最早、最长、最苦的英雄部队,在白山黑水之间血沃关东14年,孕育形成了以"忠贞报国、勇赴国难的爱国主义精神,勇敢顽强、前赴后继的英勇战斗精神,坚贞不屈、勇于献身的不畏牺牲精神,不畏艰险、百折不挠的艰苦奋斗精神,休戚与共、团结御侮的国际主义精神"为核心的东北抗联精神。东北抗联精神是党领导下的东北抗日联军在抵御外族入侵的过程中形成的精神品格和展现的精神风貌的集中体现,是中华民族精神在特定历史时期的升华。习近平总书记强调:"红色资源利用好,红色传统发扬好,红色基因传承好。"抗联将士们钢铁般的意志和决心,赤子般的忠诚与热情,永远激励着中华儿女为中华民族伟大复兴而奋斗。

四、教学建议

本案例有助于学生理解"中国共产党是抗日战争的中流砥柱"这个问题,尤其是"以牺牲精神和模范行动鼓舞民众抗战到底,锻造夺取战争胜利的民族先锋",是奠定中国共产党在抗日战争的中流砥柱位置的重要因素之一。

本案例可用于第二节"中国人民奋起抗击日本侵略者"第一目"中国共产党举起武装抗日的旗帜"和第四节"中国共产党成为抗日战争的中流砥柱"部分的辅助教学。

在案例解析中应注重"抗联精神"的阐述,通过对比得出结论:"在民族危亡的严重关头,与国民党当局的不抵抗主义形成鲜明对照,中国共产党率先举起武装抗日旗帜。"(《中国近现代史纲要》,高等教育出版社2021年版,第139页)在艰苦的敌后抗战中,涌现出无数可歌可泣的英雄事迹。抗日英雄们勇于牺牲、英勇无畏的革命精神,是中国人民绝不会被征服、而且必将把侵略者驱逐出去的有力证明,是抗日战争取得胜利的根本原因。

五、教学反思

红色文化是我们宝贵的精神财富,具有独特的育人功能。红色故事作为红色文化的重要组成部分,所蕴含的思想价值对青年大学生世界观、人生观、价值观的形成及其成长成才具有重要作用。思政课肩负着思想价值引领的重要使命,是落实立德树人根本任务的关键课程。将红色故事引进思政课,既是完成思政课教学任务的重要抓手,又是让思政课活起来的重要因素。

苏联一位作家曾说,"战争让女人走开"。然后在滚滚乌斯浑河中却走来了八位女战士,她们大部分跟我们的学生一样大甚至更小,在最应该享受青春给她们带来的一切美好的时候,她们面对的却是侵略者的刺刀。这些满足了所有成为精彩故事的要素,更加容易成为学生的"兴奋点"。一个精彩的故事,化抽象为形象,有效激发课堂活力,提高学生学习的积极性,增添课堂融入氛围。为了给思政课增添不一样的色彩,教师可精心设计教学内容,用故事拓展思维。比如,善用影像资料呈现故事,综合运用文字、图片、声音、视频等表现方式,在增强故事立体感的同时增加知识内容的趣味性。还可结合教学进度,或插播相关的影视片段,或将实物场景制作成小视频,丰富教学内容,让学生在课堂学习中体悟如此精彩的红色故事所蕴含的思想内涵。

作为思政课教师,在理论教学中应该善于抓住学生的兴趣点,通过鲜活的故事,讲清楚历史和人民为什么选择了中国共产党,回答中国共产党为什么"能"、马克思主义为什么"行"、中国特色社会主义为什么"好"等重大问题,激发广大青年的爱党爱国情怀和报国之志。

参考文献

[1] 谭湘竹.八女投江千古流芳[N].黑龙江日报,2018-10-22(03).

[2] "双百"评选活动组委会.100位新中国成立以来感动中国人物[M].北京:人民出版社,2009.

[3] 史也夫,徐奉臻.黑龙江省高等学校思想政治理论课教学参考书:"中国近现代史纲要"课教学案例参考[M].北京:高等教育出版社,2010.

教学案例五

《恭喜恭喜》竟是正宗抗日歌曲

一、案例描述

"每条大街小巷,每个人的嘴里,见面第一句话,就是恭喜恭喜……"还记得每年春节大街小巷必定响起的《恭喜恭喜》吗? 很多人不知道,它并不是拜年歌,而是一首正宗的抗日歌曲。

听一下原版就会发现,里面没有电声乐器奏出锣鼓喧天的热闹,仅有一把吉他伴奏,轻拨和弦弹着哀伤忧郁的小调,让人仿佛回到了那个硝烟还没有散尽的年代……

那标志性的最后两句,模仿中国鼓的节拍,透露出了一丝难以言表的欢欣之情。原来,恭喜的意思,不是恭喜发财……这首歌编曲简单、歌词朗朗上口,其中光是"恭喜"二字就多达数十次。从"60后"到"10后",《恭喜恭喜》简直可以说是华语界无人不知无人不晓的贺岁神曲。但恭喜的原意并不是恭喜发财,而是为了庆祝抗战胜利!

这首歌的原唱,是民国时期著名的兄妹歌手姚敏、姚莉,由"上海百代唱片"录制出版。

唯一有点"年味儿"的元素,是歌曲刚好发表于 1946 年农历年前夕。

《恭喜恭喜》创作于 1945 年初,创作者是陈歌辛。在上海沦陷后,他曾参与创作了一些抗战题材的戏剧,比如一首《度过这冷的冬天》在新四军中很流行。这里面也用了和《恭喜恭喜》类似的"暗喻":"度过这冷的冬天,春天又要到人间,不要为枯枝失望,春花就会开放……"

这样的创作当然逃不过敌人的眼睛。

不久,他一度被日本宪兵当作共产党抓走,被关进了臭名昭著的汪伪特务机关"76 号",3 个月后才被释放。

1945 年 8 月 15 日日本向同盟国无条件投降的消息传到上海。

陈歌辛心潮澎湃,再次拿起笔来创作了《恭喜恭喜》。他想描述的不是别的,而是中国人经历多年战争的煎熬,终于苦尽甘来,迎接胜利的画面。

再品读一下歌词:

"冬天已到尽头,真是好的消息,温暖的春风,就要吹醒大地。"

"浩浩冰雪融解,眼看梅花吐蕊,漫漫长夜过去,听到一声鸡啼。"

"经过多少困难,历经多少磨练,多少心儿盼望,春天的消息。"

原来,"冬天""冰雪""春风""梅花"均意有所指。事关中华民族存亡的十四年抗战便是寒冬冰雪,胜利到来便是春暖花开。鸡鸣了,天亮了!

但战争带走了太多太多,饱受磨难的中国人民走上千疮百孔的街头,没有预想中的狂欢,什么也说不出口,只能互道"恭喜"……这才是这首歌最真实的意境。

不少恍然大悟的网友鼻子一酸:万万没想到,一首过年神曲的背后有如此令人感慨的故事……

资料来源:中央政法委长安剑.《恭喜恭喜》竟是正宗抗日歌曲!听了原版,不少网友鼻子一酸……[EB/OL].(2021 - 9 - 3)[2022 - 12 - 15]. https://mp. weixin. qq. com/s/ex_hoSQ21JIWsMdIuOGd2g.

二、思考讨论题

1. 思考一下歌词反复出现的"恭喜",具体指的是什么?
2. 为什么说抗战胜利开启了古老中国凤凰涅槃、浴火重生的新征程?

三、案例解析

《恭喜恭喜》原唱姚莉女士在接受河南电视台采访时深情地说道:"这不是拜年歌还是有道理的,当年是'恭喜我们还活着'"。

1945 年 8 月 15 日《大公报》头版头条印着五个硕大的黑字"日本投降矣!"。这五个字背后凝聚着十四年抗战中四万万中国同胞的血与泪。

中国人民抗日战争,是近代以来中国人民争取独立自由史上可歌可泣的一页,是中华民族历史发展进程中饱经沧桑的一章。"我们万众一心,冒着敌人的炮火前进!"——亡国灭种的危急时刻,中华民族发出最后的怒吼。抗日战争是中国近代以来最为壮烈的民族解放战争,激起了中国人民民族意识的觉醒和认同。抗日战争时期,中国各族人民都意识到:日本侵华不是针对中国某一个或者某几个民族,而是针对中国各民族;日本军国主义的野心是要灭亡整个中国,奴役中国各族人民。这份清醒、这份觉悟,使中国国内各民族空前团结,分别以不同的方式积极参与抗日战争,使抗日战争真正成为一场全民族的战争。

"中国人民经过艰苦卓绝的浴血奋战,打败了穷凶极恶的日本军国主义侵略者,赢得了近代以来中国抗击外敌入侵的第一次完全胜利。这一伟大胜利,彻底粉碎了日本军国主义殖民奴役中国的图谋,洗刷了近代以来中国抗击外来侵略屡战屡败的民族耻辱;重新确立了我国在世界上的大国地位,中国人民赢得了世界爱好和平人民的尊敬;开辟了中华民族伟大复兴的光明前景,开启了古老中国凤凰涅槃、浴火重生的新征程。这一伟大胜利,也是中国人民为世界反法西斯战争胜利、维护世界和平作出的重大贡献。"

——2015 年 7 月 30 日　习近平主持中共中央政治局第二十五次集体学习

民族觉醒是民族复兴的前提。抗日战争的伟大胜利,使中华民族的觉醒和团结达到了前所未有的高度,大大提高了中华儿女的民族认同感、凝聚力和向心力,大大增强了中国人民为民族前途和命运抗争的意识,更加坚定了中国人民对民族独立、自由、解放的追求。抗日战争的伟大胜利,鼓舞着中国人民走出幽暗的历史低谷,重新找回民族的自尊与自信,在爱国主义旗帜的感召下走向民族复兴的伟大征程。

中国人民的抗日战争,是世界反法西斯战争的重要组成部分和东方主战场,为世界各国树立了以弱胜强的范例。艰难困苦,玉汝于成。在世界反法西斯战争中,中国以巨大的民族牺牲作出了突出贡献。中国人民抗日战争开始最早、持续时间最长,前后达 14 年之久。抗战期间,大半个中国被日寇践踏,930 余座城市被日军占领,4 200 万难民无家可归,直接、间接经济损失达 6 000 亿美元,伤亡达 3 500 万。……作为反法西斯战争的东方主战场,中国在极其困难的条件下顽强抗战,彻底粉碎了日军变中国为其争霸亚太地区的战略基地,"北进"侵苏、"南下"太平洋进而"西进"会师德国于中东的企图,从而在战略上支持了盟军作战。此外,中国组建远征军,于 1942 年初入缅作战,3 年间先后投入兵力 40 多万人,伤亡近 20 万人,为世界反法西斯战争作出了巨大的民族牺牲。中国还为盟国提供了大量军事情报、军事设施和战略物资。

假如没有中国,假如中国被打垮了,你想有多少个师团的日本兵可以调到其他地区来作战?他们可以马上打下澳洲,打下印度……一直冲向中东和德国配合起来,举行一个大规模的夹攻,在近东会师,把俄国完全隔离起来,并吞并埃及,切断通过地中海的一切交通线。

——[美]伊利奥·罗斯福(E. Roosevelt):《罗斯福见闻秘录》,49 页,上海,新群出版社1947 年版。

中国人民为世界反法西斯战争作出了重大贡献,赢得了国际社会的广泛尊重。中国的国际地位随着抗日战争的展开和胜利而得到显著提高。

历史已经证明:抗日战争的胜利,是中华民族的历史转折点,开启了古老中国凤凰涅槃、浴火重生的新征程。这主要体现在:中华民族空前觉醒,中国基本实现了民族独立,初步确立了大国地位,充分显示了中华民族有同侵略者血战到底的气概,有在自力更生的基础上光复旧物的决心,有自立于世界民族之林的能力。

四、教学建议

此案例可用于第六章第五节"抗日战争的胜利及其意义"部分的辅助教学。通过本案例的教学,使学生理解"抗战胜利的意义,早已经超出了一场战役、一场胜负,而是开启了古老中国凤凰涅槃、浴火重生的新征程",加深大学生对抗日战争的背景、胜利原因、历史意义及其现实启示的理解。

在教学实践中注意悬念的设置,以达到打破学生固有认知,从而吸引学生注意力的效果。教师适当引入历史照片和影像,进而设置问题,引导学生思考这场胜利的伟大意义,带动整个教学进程。同时,分析在来之不易的胜利到来时,和平成为全国人民的共同心愿,为下一章节作铺垫。

五、教学反思

兴趣是最好的老师,当我们的固有认知被颠覆的时候就会激起人的好奇心,而这个时候便是我们教学的最佳时机。而且,这个一时激起学生好奇心的案例就会成为这一知识点的航标和索引,加深其记忆。

由于种种原因,学生对历史学科不重视、缺乏学习兴趣。在授课的时候,适当补充点冷知识,可以提高学生的学习兴趣,加深学生的印象。在教学中运用冷知识创设历史情境,通过历史情境感知历史和分析、提炼历史观点,可以培养学生的辩证思维能力。此案例通过颠覆性地提出耳熟能详的歌曲《恭喜恭喜》居然是正宗的抗日神曲的时候,便会使学生好奇其创作的背景故事,从而引入那个举国欢腾的时刻。人们之所以相互"恭喜",正是恭喜这一来之不易的伟大胜利,也是在恭喜我们坚持到了最后。进而探究人们如此欢愉的原因,总结我们取胜的原因和这场胜利的伟大意义,带动整个教学进程。

现代教学论指出,从本质上讲,感知不是学习产生的根本原因,产生学习的根本原因是问题。教师从一般人觉得不是问题的地方发问,可以激发学生的好奇心和积极性,让学有余力的学生在课后进行进一步的探究。课后探究是对课堂探究的延续和深化,不受时间空间的限制,可以弥补课堂探究因时空限制而造成的缺憾。但是,教师在教学中要注意不能为了"颠覆"而"颠覆",必须要按照教学标准,围绕教学目标精心设计"矛盾"与"冲突",颠覆本身不是目的,只是更好实现教学目的的手段。

参考文献

［1］ 曾景忠.抗战胜利时各地民众的喜悦[N].团结报·文史周刊,2021-09-02(05).

［2］ 张宏书.抗战胜利纪念活动与大学生爱国主义教育[J].散文百家,2016(06):137.

［3］ 季笃武.中国近现代史纲要十五讲[M].北京:中国政法大学出版社,2020.

重庆谈判

一、案例描述

1945年8月28日，重庆九龙坡机场人声鼎沸，人民都在焦急地等待，他们在等谁？接下来我将向大家展示两张历史老照片及其油画作品，通过这两张历史老照片及其油画作品，同学们应该已经猜到了我们今天所要讲述的案例——重庆谈判。今天我们主要来介绍重庆谈判的背景，分析抗日战争胜利后，国民党政府为什么会陷入全民的包围中，并迅速走向崩溃。

1945年，中国人民的抗日战争结束之时，中国国内的阶级矛盾逐渐上升为社会的主要矛盾。在美国支持下，以国民党为代表的大地主大资产阶级欲争夺抗日战争的胜利果实，建立全国性的独裁统治，与以中国共产党为代表的人民大众热切要求建立独立、自由、民主、统一和富强的新中国的要求相矛盾。

在和平、民主成为战后中国关键词的情况下，蒋介石一方面在1945年8月14日、20日、23日分别向中共发出三封急报，邀请毛主席亲临重庆，共同商讨中国目前面临的各种重要问题，但另一方面却从未放弃消灭共产党及其领导的军队的意图，想借谈判将内战的责任推卸给中共。在国共矛盾尖锐的情况下，如果毛泽东不来，蒋介石就可以说共产党拒绝和平谈判，将责任推到共产党身上，从而发起内战。

面对国民党假和谈的阴谋，1945年8月23日，中共中央政治局在延安枣园召开了扩大会议。在会上，毛泽东把这种联合政府称为"独裁加若干民主"的形式，说："对于这种形式的联合政府，我们还是要参加进去，进去是给蒋介石'洗脸'，而不是'砍头'。走这个弯路将使我们党在各方面达到更成熟，中国人民更觉悟，然后建立新民主主义的中国。"

1945年8月28日，毛泽东率领中国共产党代表团从延安飞抵重庆。这一消息震撼重庆全城，柳亚子写诗称赞毛泽东是"弥天大勇"。

1945年8月29日，也就是中国共产党代表团抵达重庆的第二天，便与国民党政府开始了正式谈判,史称"重庆谈判"。从 1945 年 8 月 29 日至 10 月 10 日,经过 43 天谈判,国共双方达成《政府与中共代表会谈纪要》,即《双十协定》。在会谈中,中国共产党坚持的基本原则是维护人民群众的根本利益,在这个前提下作出尽可能大的让步,使谈判最终向着有利于人民的方向发展。重庆谈判及达成的《双十协定》给中国人民带来了和平、民主、团结的希望和曙光,虽然国民党统治集团违背全国人民的意愿,悍然撕毁《双十协定》,但其历史意义和启示非常重大。

资料来源:[1] 刘琼.70 年前抗战胜利后重庆谈判的历史细节[EB/OL]. (2015 - 10 - 05)[2022 - 12 - 02]. http://m. cnr. cn/mil/20151005/t20151005_520054353_yd. html? ivk_sa=1024320u.

[2] 章仁缘的油画作品《重庆谈判》创作介绍[EB/OL]. (2015 - 04 - 13)[2022 - 12 - 04]. https://www. nma. org. cn/w/34883. htmlhttps://news. 12371. cn/2015/04/13/ARTI142888-9963889252. shtml? from=groupmessage&ivk_sa=1024320u.

[3] 毛泽东 1945 年为何同意涉险赴重庆与蒋介石谈判[EB/OL]. (2014 - 01 - 26)[2022 - 12. 02]. http://dangshi. people. com. cn/n/2014/0126/c85037-24232103. html.

二、思考讨论题

结合案例分析抗日战争胜利后,国民党政府为什么会陷入全民的包围中,并迅速走向崩溃?

三、案例解析

中华民族经过浴血奋战赢得抗日战争胜利后,又面临着光明之路和黑暗之路的选择的斗争。抗战胜利前夕,国共两党几乎在同一时期召开了全国代表大会。中共七大从 1945 年 4 月 23 日开至 6 月 11 日,国民党六大则是从 1945 年 5 月 5 日开至 21 日。毛泽东在中共七大上作《论联合政府》的报告,提出彻底消灭日本侵略者,废止国民党一党专政,建立民主的联合政府,争取人民的自由,实行农村改革,发展民族工业,发展文化教育事业,团结知识分子,争取少数民族在政治、经济、文化的解放和发展,建立和平、独立、民主的外交等。提出"民主的联合政府",显然是对国民党一党专政的挑战,中国国民党第六次全国代表大会很快就作出强烈的反应,坚决拒绝中共建立联合政府的建议,决定于 11 月 12 日召开"国民大会"。蒋介石还在国民党六大的政治总报告中说:"今天的中心工作,在于消灭共产党!""日本是我们外部的敌人,中共是我们国内的敌人!""只有消灭中共,才能达成我们的任务。"

但是在国内和国际社会上,国内人民普遍反对内战,表达实现和平建国的强烈意愿;美、英、苏都不赞成中国发生大规模内战。蒋介石打内战的方针虽然早已确定,但在当时的国内外形势下,又不能不有所顾忌。抗战刚刚结束,发动内战不得人心,要求和平是大势所趋。蒋介石想在内战中处于有利地位,也需要时间。所以,他在积极准备内战的同时,表示愿意同共产党进行和平谈判。

中国共产党对国内外局势和国民党的内战阴谋都有比较清醒的认识,认为应当因势利导,首先是反映人民在长期战乱后休养生息的强烈意愿,争取通过和平的途径来实现中国的进步和发展。通过谈判，既可以揭露国民党假和平真内战的面目，也可以争取一段时间来作好应变的准备。中共中央经过反复研究，决定提出和平、民主、团结三大政治口号，毛泽东接受邀请赴重庆谈判，同时人民军队作好进行自卫战争的各种准备。

1945 年 8 月 28 日，毛泽东偕周恩来、王若飞前往重庆同国民党当局进行谈判。毛泽东亲赴重庆，充分显示中国共产党谋求和平的真诚愿望，受到全国人民的热烈欢迎和社会舆论的高度赞誉。经过 43 天复杂而艰苦的谈判，国共双方于 10 月 10 日正式签署会谈纪要，即《双十协定》。国民党当局表示承认"和平建国的基本方针"；同意"长期合作，坚决避免内战，建设独立、自由和富强的新中国"，召开政治协商会议等。但双方在人民军队和解放区政权两个根本问题上未能达成协议。《双十协定》是以国共两党协商的方式产生的一个正式文件。这个文件的签订是人民力量的胜利。

另外，通过刘少奇与毛泽东的一段对话我们不难发现，为了争取国内和平，毛泽东当时是把个人安危置之度外，刘少奇说："主席想去重庆？那太冒险了。"但毛主席说："历史发展到今天，好不容易争取到一次和平民主的机会，我们不能放过这个机会，为了国家的安稳，我也得去，说不定去了，利多弊少。""去，必须去，这次如果再拒绝，他是不会再写第四封信了。为了大局，必须忍辱负重，说不定，真的能找到一条和平建国的道路。"

四、教学建议

本案例可用于第七章第一节中"中国共产党争取和平民主的斗争"部分的辅助教学。通过本案例的教学，帮助学生深入了解"重庆谈判"的历史背景，特别是中国共产党代表全国广大人民的根本利益，力图通过和平的途径来建设一个独立、民主、富强的新民主主义中国所做的努力及在斗争中的智慧。

讲解过程中可以结合历史老照片、连环画和油画作品的介绍、赏析，如章仁缘的油画作品《重庆谈判》着重描写了重庆谈判期间的毛泽东和蒋介石这两个历史人物的形象。画面上的两个人物神情庄重、笔直站立，构成了该作品冷峻、严肃的基本格调；而作品整体用色以灰红相互混杂的"铁血"色为主，则在有意象征这次历史谈判所蕴涵的刀光剑影以及由这次谈判延伸下来的历史中充斥的血色。

另外，还可以向学生介绍我们在谈判当中的斗争智慧和策略。如重庆谈判期间，国民党通过战争来削弱和消灭人民革命力量的企图就已经暴露出来。国民党重新秘密印发反共的《剿匪手本》，阎锡山出兵攻打山西上党地区的人民军队。《双十协定》刚签订，蒋介石便调集 110 万军队，分三路向华北解放区进攻，图谋打开进入东北的通道，进而占领整个东北。

党对国民党的军事进攻采取了针锋相对的措施。中共中央确定"向北发展，向南防御"的战略方针，抽调 11 万军队和 2 万名干部进入东北，争取控制具有重要战略地位的东北地区。与此同时，各解放区军民对国民党的军事进犯坚决反击。刘伯承、邓小平指挥晋冀鲁豫部队取得上党战役的胜利。人民军队连续进行邯郸、平绥、津浦三个战役，共歼敌 10 万余人，阻滞了国民党军深入华北、进军东北的行动。

五、教学反思

综上,围绕教材及本章教学目标,分析"国民党政府为什么会陷入全民的包围中,并迅速走向崩溃",讲清楚地主阶级与买办性的大资产阶级的方案由于违背中国人民的根本利益,遭到了广大中国人民的唾弃,他们的反动统治也在根本上被推翻了。民族资产阶级的方案由于脱离中国实际,也没有得到中国广大群众的拥护,连提出这种方案的多数人最终也承认这个方案是行不通的。只有中国共产党提出的关于建立人民共和国的方案,逐步地获得了工人、农民、城市小资产阶级乃至民族资产阶级及其政治代表的拥护,由此成了中国最广大人民群众的共同选择。

通过老照片和艺术作品赏析,借助艺术作品丰富的感染力和更形象化的表达,帮助学生深入了解"重庆谈判"的历史背景,特别是中国共产党代表全国广大人民的根本利益,力图通过和平的途径来建设一个独立、民主、富强的新民主主义中国所做的努力及在斗争中的智慧。代表大地主大资产阶级利益的国民党统治集团,企图抢夺抗战胜利果实,用内战的方式来剥夺人民已经取得的权利,使中国社会退回到抗战前一党专制独裁的反动统治。一场关系中国走向光明还是黑暗的大决战不可避免。

参考文献

［1］ 中国中共党史学会编. 中国共产党历史系列辞典,第一卷［M］. 北京:中共党史出版社,党建读物出版社,2019.

［2］ 中共中央文献研究室,中央档案馆. 建党以来重要文献选编(1921—1949 第二十二册)［M］. 北京:中央文献出版社,2011.

教学案例二

全国解放战争的发展——走进油画作品《夜渡黄河》

一、案例描述

1947 年 6 月,中国共产党领导的解放区军民经过一年的内线作战,粉碎了国民党军队的全面进攻,歼灭了敌人大量有生力量,使双方力量对比发生显著变化。蒋介石为了弥补由于重点进攻陕北、山东所造成的两头强、中间弱的"哑铃"态势,下令在花园口堵口放水,使黄河水全部流入老黄河故道,企图利用滔滔黄河水阻止人民解放军南下,甚至扬言黄河可抵 40 万大军。

1947 年 6 月,刘伯承、邓小平率领晋冀鲁豫野战军强渡黄河,挺进中原,千里跃进大别山,揭开解放战争战略反攻的序幕。此前,国民党经历了从"全面进攻"到"重点进攻"的转变。由于攻占了很多城市,国民党的大量兵力用于占据城市,后期只能改为重点进攻。

陕北和山东是国民党重点进攻的两个方向,两地之间是黄河天险,国民党方面自认为可抵御 40 万大军,故防线空虚。我军故意派兵北向佯攻,实则筹备南渡黄河。刘邓大军强渡黄河时,正值 6 月汛期,河水上涨,水流加速,即便是经验丰富的船夫,也只敢在白天驾船渡河。刘伯承、邓小平遵照党中央的指示,根据黄河沿岸的地形和敌情,把渡河地点选定在当时濮县至东阿县的河段,并计划于 6 月 30 日夜突破黄河防线。

为配合和支援解放军强渡黄河,各县挖引河、造船坞、征调船工昼夜训练,同时当地群众还主动帮助解放军造船,并把造好的船只隐藏起来。6 月 30 日晚上 12 点,指挥部下达渡河命令,严阵以待的船工们从船坞中将隐蔽的船只推出,先遣连的勇士们乘上木舟,船头上架起机枪,开始强渡黄河。对岸的敌人发觉后进行了猛烈阻击,船工们冒着对岸敌人的炮火,不顾生命危险快速驾船往前冲,终于冲破国民党防线,占领黄河对岸。此后经过英勇奋战,12 万解放军主力部队全部渡送到黄河南岸。

油画作品《夜渡黄河》(艾中信创作)

二、思考讨论题

结合油画作品《夜渡黄河》的赏析,思考为什么刘邓大军的这一战略行动震惊了中外。时任美国驻华大使司徒雷登惊讶地表示:"这简直是神话,简直像当年法国失守'马其诺防线'。"美国著名记者杰克·贝尔登在他撰写的《中国震撼世界》一书中也发出由衷的感慨:"我阅历过多次战争,但却从来未见过比共产党这次强渡黄河更为高明出色的军事行动。"那么,为什么说"没有广大人民和各界人士的广泛参加和大力支持,中国革命的胜利是不可能的"?

三、案例解析

军民同心,一举突破黄河天险。黄河天险,滔滔浊浪,横亘在刘邓大军面前。"一切为了前线,一切为了胜利。"为了保障大军渡河,解放区以前所未有的规模和速度掀起了支前运动,大批刚刚翻身的农民满怀着保卫胜利成果的热情参军入伍,涌现出许多集体参军、妻送郎、父送子、兄弟争相参军的感人事例,仅阳谷县参军青壮年就达到 5 800 人。渡河需要大量船只,沿黄河各县人民造船只、挖船坞,积极捐献大树、准备苎麻、采购桐油,有的把家里的门板、老人的寿材板都献出来用于造船。一个个村庄,都为部队派出了最好的船工,为子弟兵做鞋、运送物资、抢修道路、组织担架队;一个个路口,都设立了茶水站,大娘大婶们烧水、磨面,或守在路旁,把一碗碗凉好的茶水送到过路战士的手上。刘伯承同志在1948 年曾专门题词:"冀鲁豫人民为完成人民解放战争的胜利尽了最大的努力,现在还是努力于支前工作,十分难得,特致敬佩。"

在人民群众的大力支持下,1947 年 6 月 30 日晚,刘邓大军第一、二、三、六等 4 个纵队在山东省的临濮集至张秋镇 150 公里的地段上强渡黄河。第一纵队分经位山、张堂、林楼(张秋以南 10 公里)诸渡口实行宽正面渡河;第二纵队分经林楼、孙口渡河;第三纵队为战役总预备队,进至白衣阁地区,尔后视渡河情况,随第二纵队或第六纵队渡河,适时扩大战果;第六纵队分经李桥、于庄、大张村诸渡口渡河。各渡口大小船只在密集炮火掩护下,如离弦之箭划向对岸。在强渡中,船工水手们有的一个夜晚就摆渡 15 趟、18 趟,甚至达到 20 趟;有的船工负了伤,包扎一下伤口,继续摇橹撑船。担任突击队员的战士们更是英勇,有的木排被打坏,就由高个子战士架起重机枪,边打边泅渡前进。战士们冲过泥滩,登上大堤,将敌人的地堡一一摧毁,牢牢控制了河堤阵地。经过英勇奋战,刘邓大军一举突破黄河天险,彻底粉碎了蒋介石的"黄河防线"。

刘邓大军强渡黄河成功后,立即发起鲁西南战役。1947 年 7 月 7 日克郓城,10 日夜取定陶,14 日全歼进击六营集之敌,28 日更是歼灭羊山集守敌整编第六十六师。至此,刘邓大军在黄河南岸激战 28 天,歼敌四个整编师师部、九个半旅共 6 万余人,取得了鲁西南战役的重大胜利,迫使敌人从西北、山东等地抽调大量兵力向鲁西南驰援,打乱了敌人的战略部署,有力地配合了西北和华东我军粉碎敌人重点进攻的作战。8 月 7 日,按照中央军委的战略决策,刘邓大军兵分三路,开始了千里跃进大别山的壮举。刘伯承同志回忆指出:"我军这一战略行动,恰似一把利剑插进蒋介石反动统治的心脏,它同东北、华北、西北、华东等战略区的反攻和进攻相配合,形成了对敌人的全国规模的巨大攻势。从此,中国人民解放军由内线作战转为外线作战,由战略防御转入战略进攻,扭转了整个战争形势,为夺取全国胜利创造了极为有利的条件。"

▪ 四、教学建议 ▪

本案例可用于第七章第二节中"解放战争的胜利发展"部分的辅助教学。通过本案例的教学,帮助学生理解中国人民解放军由内线作战转为外线作战,由战略防御转入战略进攻,扭转了整个战争形势,为夺取全国胜利创造了极为有利的条件。深刻理解教材中讲述的中国革命胜利的原因之一是"工人、农民、城市小资产阶级群众是民主革命的主要力量"。

讲解过程中可以结合对油画作品《夜渡黄河》的赏析。画家艾中信先生根据刘邓大军强渡黄河的历史事件,创作了油画《夜渡黄河》,在创作过程中,艾中信曾受到《黄河大合唱》

启发,激昂雄浑的乐曲激发了画家的创作激情。为此,艾中信创造性运用全景式风景样式,构图超宽幅,集人物、场景与风景为一体,壮阔宏大,气势逼人。艾中信先生在《革命历史画创作经验谈》中谈道:"根据目击渡河情况者的描述,那是初夏的晚上,月明星稀,黄河像一条巨蟒一样躺着,我们的战士踏上蟒背,一跃而飞渡天险。毛主席把内线作战转为外线作战的英明策略,是愚蠢的蒋匪所不能意料的,出其不意的军事行动要求表现机智和神勇,不宜采取烽火连天、冲锋陷阵的火热场景。在我的意象中,仿佛觉得大军夜渡黄河与其用视觉还不如用听觉去体察更符合油画的表现特点。像贝多芬的《月光曲》所采取的手法那样,我企图用夏夜的晴空横扫一片连接烟火的乌云和高空灯盏似的两颗照明弹作大军飞渡的伴奏,而渡船上的战士们则采用剪影的处理方法,只有前景的战士比较清楚可辨。"

五、教学反思

综上所述,围绕教材及本章教学目标,讲清人民解放军由战略防御转入战略进攻所具有的重要历史意义,以及在由战略防御转入战略进攻过程中,人民战争发挥的重要作用,深刻理解中国革命胜利的原因。1947 年 12 月,党中央在陕北米脂县杨家沟召开扩大会议(十二月会议),毛泽东同志指出:"现在,战争主要地已经不是在解放区内进行,而是在国民党统治区内进行了,人民解放军的主力已经打到国民党统治区域里去了。"由此,他进一步强调:"这是一个历史的转折点。这是蒋介石的二十年反动统治由发展到消灭的转折点。这是一百多年以来帝国主义在中国的统治由发展到消灭的转折点。"

通过经典艺术作品赏析,借助艺术作品丰富的感染力和更形象化的表达,帮助学生理解中国人民解放军由内线作战转为外线作战,由战略防御转入战略进攻,扭转了整个战争形势,为夺取全国胜利创造了极为有利的条件。深刻理解教材中讲述的中国革命胜利的原因之一是"工人、农民、城市小资产阶级群众是民主革命的主要力量。在他们中间,涌现出了无数大无畏的英雄和不屈的战士。随着斗争的发展,民族资产阶级也逐步向共产党靠拢,这种现象曾经被人称作'开万国未有之奇'。没有广大人民和各界人士的广泛参加和大力支持,中国革命的胜利是不可能的。"

参考文献

[1]《美术经典中的党史》:夜渡黄河[EB/OL].(2021 - 03 - 16)[2022 - 12 - 01]. https://tv. cctv. com/2021/03/16/VIDEYWnQPfhsUNJxtiNFPPBd210316. shtm.

[2] 听美术经典中的解放战争故事,感受信念的力量|党史学习进行时·知识[EB/OL].(2021 - 07 - 19)[2022 - 12 - 01]. https://www. thepaper. cn/newsDetail_forward_13648668.

[3] 求是网评论员. 政策和策略是党的生命[EB/OL].(2021 - 09 - 20)[2022 - 12 - 01]. https://m. gmw. cn/baijia/2021-09/20/35178158. html.

[4]《中国共产党的九十年》摘录:党在 1949 年至 1976 年的历史性巨大成就[EB/OL].(2016 - 07 - 28)[2022 - 12 - 01]. http://www. xinhuanet. com/politics/2016-07/28/c_129162196. htm.

[5] 求是杂志社调研组. 刘邓大军强渡黄河、激战鲁西南[EB/OL].(2021 - 05 - 25)[2022 - 12 - 01].

http://www.qstheory.cn/laigao/ycjx/2021-05/25/c_1127490386.htm?ivk_sa=1023197a.

教学案例三

民主革命战士闻一多——走进油画《红烛颂》

一、案例描述

1946 年 7 月 15 日下午 5 时许,在云南昆明西仓坡附近的一条小路上,突然响起了一阵密集的枪声,随即一位中年男子倒在血泊之中。国民党策划的这次暗杀行动让全国震惊,民众群情激愤,被暗杀的中年男子究竟是谁呢?

这位被国民党反动派暗杀的中年男子是著名的诗人、学者、民主革命战士闻一多。闻一多 1899 年出生于湖北浠水县,13 岁考入清华学校,23 岁时赴美留学。他先后在芝加哥美术学院、科罗拉多学院和纽约艺术学院学习美术,同时从事新诗创作和文学研究,且对于中国传统书画、篆刻也造诣颇深。

在海外求学的闻一多始终对祖国饱含深情。1925 年,闻一多有感于祖国被列强欺凌,怀着强烈的爱国之情,写下了著名的一组诗歌《七子之歌》。

1943 年,在西南联大任教期间,闻一多开始与中共昆明地下党组织接触,成为中国共产党的挚友,并于 1944 年加入了中国民主同盟。此后,他积极参与社会政治活动,支持广大爱国青年的民主运动,成为一名反独裁、反内战的民主斗士。1945 年 12 月 1 日,在昆明,国民党出动了大批军警和特务袭击西南联大和云南大学,导致 4 名师生遇难。惨案发生以后,闻一多悲愤交加,写了一篇揭露惨案真相的文章,号召未死的战士们踏着四烈士的血迹继续战斗。

1946 年 6 月底,国民党军发动了全面内战。为了反对内战,闻一多发表了许多重要讲话。闻一多勇敢无畏的斗争精神,使国民党反动派对他恨之入骨。国民党特务制定了一个暗杀名单,名单上民盟领导人李公朴排在第一位,闻一多排在第二位。

1946 年 7 月 11 日夜,民主同盟领导人之一的李公朴被国民党特务暗杀。7 月 15 日上午,云南大学至公堂召开李公朴先生殉难经过报告会。在会上,闻一多发表了著名的《最后一次讲演》。闻一多犀利的言语直指国民党反动派的黑暗统治。当天下午,闻一多在返回西仓坡宿舍的途中,遭遇国民党特务暗杀,壮烈牺牲。

二、思考讨论题

结合油画作品《红烛颂》的赏析,思考为什么说"中国共产党领导的多党合作和政治协商制度,符合中国历史发展的规律和中国人民的根本利益,也符合各民主党派和无党派民主人士的意愿"?

三、案例解析

正如中共党史专家江英所言:"闻一多之死使国民党彻底失去了民心,从而推动了国民

油画作品《红烛颂》(闻立鹏创作)

党政府一步一步地走向失败。"7 月 17 日,毛泽东和朱德联名致电昆明国立西南联大,请转闻一多先生家属并深表哀悼:"惊悉一多先生遇害,至深哀悼,先生为民主而奋斗,不屈不挠,可敬可佩。今遭奸人毒手,全国志士必将继先生遗志,再接再厉,务使民主事业克底于成,特电致唁。毛泽东,朱德。"

在中国人民争取民主自由的进程中,闻一多不是第一个,也不是最后一个为民主事业献身的人。闻一多用他的生命和鲜血诠释了民主党派的历史选择:接受中国共产党的领导,决心走人民革命的道路,拥护建立人民民主的新中国。

中国在战后面临的是两种命运、两个前途的尖锐斗争。客观形势决定了中国没有走中间路线的余地。持有中间路线想法的人们一接触到实际斗争,尤其是内战重起,就使他们只能在靠近共产党或靠近国民党中选择道路,而不能有其他道路。国民党当局不仅极度仇视共产党,而且对民主党派、民主人士也充满敌意。尽管民盟等一向主张"以民主的方式争取民主,以合法的行动争取合法的地位",国民党当局还是不断以暴力对他们施行迫害。继李公朴、闻一多在昆明遭暗杀后,杜斌丞在西安被杀害。民盟地方组织的许多成员被逮捕、绑架、杀害,其所办的多家报社被捣毁或遭袭击。这就使在蒋介石统治下进行任何和平运动、合法运动、改良运动的最后幻想归于破灭。民主党派必须站在人民的、民主的、革命的立场,为彻底推翻国民党统治集团,消灭封建土地所有制,驱逐美帝国主义出中国,实现人民的民主而奋斗,与中国共产党携手合作。

四、教学建议

本案例可用于第七章第三节中"第三条道路的幻灭"部分的辅助教学。通过本案例的教学,帮助学生了解闻一多等民主人士为民族独立和解放所作出的牺牲及如何用鲜血和生命诠释了中国知识分子国家至上、民族至上、人民至上的道义担当。借助教学案例进一步引导学生思考作为时代青年的责任与担当。

讲解过程中可以结合对油画作品《红烛颂》的赏析。1979年,画家闻立鹏为了缅怀闻一多为民族独立和解放所表现出来的大无畏的牺牲精神,寄托对父亲闻一多的崇敬与思念之情,创作了油画作品《红烛颂》。在画作《红烛颂》中,画面的左下角有一支红烛正在燃烧,烛光照亮了闻一多的面容,也预示着革命精神的永恒不灭。在画作背景中,烛光被放大、扩展、重叠,最终形成了铺天盖地之势,这也代表着千千万万与闻一多一样不屈不挠、勇于牺牲的仁人志士大义凛然的革命精神。

五、教学反思

综上,围绕教材及本章教学目标,讲清历史经验表明资产阶级共和国的方案在中国是行不通的。中国共产党领导的多党合作和政治协商制度,符合中国历史发展的规律和中国人民的根本利益,也符合各民主党派和无党派民主人士的意愿。

通过经典艺术作品赏析,借助艺术作品丰富的感染力和更形象化的表达,再现闻一多等民主人士为民族独立和解放所表现出来的大无畏的牺牲精神。伟大的民主革命战士闻一多为争取中华民族的独立和中国人民的解放,用鲜血和生命诠释了中国知识分子国家至上、民族至上、人民至上的道义担当。借助教学案例进一步引导学生思考作为时代青年的责任与担当。党的十八大以来,以习近平同志为核心的党中央充分肯定了我国广大知识分子、民主人士在社会主义建设中的重要地位和作用。政治上充分信任,思想上主动引导,全社会尊重劳动、尊重知识、尊重人才、尊重创造的氛围愈发浓重。广大知识分子、民主人士将爱国之情、报国之志融入祖国改革发展的伟大事业之中,为实现第二个百年奋斗目标、实现中华民族伟大复兴的中国梦贡献智慧和力量。

参考文献

[1] 《美术经典中的党史》红烛颂(55)[EB/OL]. (2021-07-27)[2022-12-02]. https://tv.cctv. com/2021/07/27/VIDEnipAStGDiYaBRUXD0zG8210727. shtml.

[2] 伟大的爱国主义者、民主革命战士:闻一多[EB/OL]. (2019-01-16)[2022-12-02]. http:// www. 81. cn/yljnt/2019-01/16/content_10058097_2. htm.

[3] 许宝健.1945:两种命运大抉择[EB/OL]. (2019-11-06)[2022-12-02]. http://dangshi. people. com. cn/n1/2019/1106/c85037-31439661. html.

[4] [共和国脊梁]闻一多:伟大的爱国主义者、民主革命战士[EB/OL]. (2021-07-12)[2022-12-02]. https://www. thepaper. cn/newsDetail_forward_13552057.

教学案例四

赶考永远在路上——走进油画《进京赶考》

一、案例描述

1947年，一支神秘的解放军部队来到地处华北平原的一个小村庄——西柏坡，他们悄悄地建起了水电站，竖起了密密麻麻的电线杆。那时的人们并不知道，这样一个名不见经传的小山村即将成为全国革命的指挥中心。

西柏坡如何成为党中央机关驻地？在这里又发生了哪些惊心动魄的故事呢？油画作品《进京赶考》向我们讲述了这段历史往事。

1947年夏初，负责给中央工委寻找驻地的考察小组来到河北省西柏坡村时，发现此处三面环山，一面临水，进可攻，退可守。经过考察小组实地勘察后，中央工委最终将驻地选在了这里。1948年4月，周恩来、任弼时率中央前委，叶剑英、杨尚昆率中央后委，先行到达西柏坡，与中央工委会合。5月26日，毛泽东抵达西柏坡，党中央机关胜利完成了战略性的伟大转移。从此，西柏坡便成为当时中国革命的领导中心。毛泽东和中央军委在西柏坡一起指挥了辽沈、淮海、平津三大战役，可以说，西柏坡在中国革命史上具有十分重要的战略地位。从1948年9月到1949年1月，辽沈、淮海、平津三大战役共持续142天，歼灭国民党军队154万余人，使国民党赖以发动反革命内战的主力基本上被消灭。

三大战役为中国革命在全国的胜利奠定了基础。1949年3月5日至13日，中国共产党在西柏坡召开了党的七届二中全会。这是中国共产党为即将诞生的中华人民共和国运筹帷幄的历史性会议。毛泽东谆谆告诫全党："夺取全国胜利，这只是万里长征走完了第一步。""务必使同志们继续地保持谦虚、谨慎、不骄、不躁的作风，务必使同志们继续地保持艰苦奋斗的作风。"在党的七届二中全会后，中共中央和军委机关决定迁往北平。1949年3月23日上午，毛泽东等中共中央领导人告别前来送行的父老乡亲，离开了中国革命的最后一个农村指挥所——西柏坡，踏上"进京赶考"之路。毛泽东望着连绵雄伟的太行山，意味深长地说："今天是进京赶考的日子。"周恩来答道："我们都应当考及格，不要退回来。"毛泽东说："退回来就失败了。我们决不能当李自成！我们都希望考个好成绩。"

2010年，画家陈承齐根据中共中央离开西柏坡，临行前当地群众前来送行的历史场景，创作了油画《进京赶考》。

资料来源：《美术经典中的党史》进京赶考(75)[EB/OL].(2021-10-02)[2022-12-02].https://tv.cctv.com/2021/10/02/VIDE5HbuFObg3VAvC91zm5CY211002.shtml.

二、思考讨论题

结合油画作品《进京赶考》的赏析，回顾"进京赶考"的历史背景，说一说"进京赶考"指

油画作品《进京赶考》(陈承齐创作)

的是什么,它有着怎样的思想内涵,我们又要如何弘扬"进京赶考"的时代精神,实现中华民族伟大复兴的中国梦。

三、案例解析

"进京"意味着执政,"赶考"是要接受考验。夺取政权,建立新中国是"赶考";巩固政权,建设新中国是"赶考";实现中华民族伟大复兴更是"赶考"。毛泽东讲的"进京赶考",具有鲜明的时代特征和深刻的思想内涵。

第一,打败国民党反动派以后,中国共产党人能不能克服骄傲自满的情绪,向更伟大和更宏伟的目标继续前进? 中国革命的伟大胜利可能使一些人产生骄傲自满的情绪。正如毛泽东指出的那样,因为胜利,党内的骄傲情绪,以功臣自居的情绪,停顿起来不求进步的情绪,可能生长。在胜利面前,中国共产党人能不能保持清醒的头脑,能不能保持谦虚谨慎、不骄不躁的作风,是对中国共产党人思想作风的重大考验。

第二,夺取全国政权以后,中国共产党人能不能抵御糖衣炮弹的攻击,始终保持艰苦奋斗的作风? 在掌握了全国政权以后,敌我斗争的领域发生了很大变化。在"拿枪的敌人"被消灭以后,资产阶级和其他剥削阶级会从思想上和精神上腐蚀我们的党员干部,"糖衣炮弹"与"和平演变"具有很大的危害性。如何使党员干部始终保持艰苦奋斗的作风,始终保持工人阶级和劳动人民的本色,拒腐蚀、永不沾,是对中国共产党人工作作风的重大考验。

第三,建立新中国以后,中国共产党人能不能承担起全面执政的重任,使中华民族自立于世界民族之林? 在当时,摆在中国共产党面前的首要任务,就是迅速医治战争造成的创伤,进行经济、政治、文化和社会各项事业的建设,把一个贫穷落后的国家,建设成为一个富强民主文明的新中国。中国共产党能否迅速地恢复和发展生产,尽快稳定社会秩序,安排好人民的生活,顺利地实现从新民主主义向社会主义的过渡,是对中国共产党人执政能力的重大考验。

毛泽东以非凡的洞察力和深邃的战略眼光预见到,中国革命的胜利是伟大的,但是革命以后的路程更长,工作更伟大,更艰巨,稍有不慎,就会犯"颠覆性"的错误,从而坠入"其兴也勃焉、其亡也忽焉"的"人亡政息"的历史周期率。所以,他把中共中央进入北平称为"进京赶考"。

中共党史专家雷琳说"两个务必"的提出,证明了一个日益走向成熟的政党勇于自我革命、自我完善的决心和气魄。

2021年7月1日,习近平总书记在庆祝中国共产党成立100周年大会上庄严宣告:"现在,中国共产党团结带领中国人民又踏上了实现第二个百年奋斗目标新的赶考之路。"这一动员令的发出,表明中国共产党踏上新的赶考之路的决心与意志,彰显出我们党面对新挑战、迎接新考验的从容不迫与必胜信念。"时代是出卷人,我们是答卷人,人民是阅卷人。"面对日益复杂的国际国内环境,我们党胸怀两个大局,心怀"国之大者",立足新发展阶段,贯彻新发展理念,构建新发展格局,推动高质量发展,以赶考者的姿态,向着中华民族伟大复兴的宏伟目标奋勇前进!

四、教学建议

本案例可用于第七章第四节中"人民政协与《共同纲领》"部分的辅助教学。通过本案例的教学,帮助学生理解"赶考"永远在路上的精神内涵,引导学生思考作为时代青年的责任与担当。特别是新时代背景下如何弘扬"赶考"精神,为实现中华民族伟大复兴而砥砺奋斗是教学案例引入的价值所在。

讲解过程中可以结合对油画作品《进京赶考》的赏析。2021年中央广播电视总台制作的系列纪录片《美术经典中的党史》为我们提供了丰富翔实的赏析素材。如画面当中以折线形的构图,自左上角向右侧犹如洪流曲折浩荡,产生强大的视觉冲击力。毛主席位于画面的中心,一束光线从左侧倾斜而下,制造出一种舞台效果,两边的群众形成两条斜线向中央聚拢,群众多以背影和侧身站立,与中心人物形成反差和衬托的关系。周恩来位于画面的左部,他与老乡之间真切的身体语言的互动,形成了一种情感的联结。刘少奇同志正在耐心地倾听群众的诉说,他的面部和肩膀的光线把他与其他群众区分开来。朱德和任弼时位于同一个区域,朱德抱起小孩儿,慈祥地微笑,孩子背部的黄色衣服提亮了画面,任弼时同志的服饰也成为一个有辨识度的体貌特征。此外,画家还注重对环境的描绘,在山石与人群中间是北方典型的经历了冬天,正在等待春风唤醒的草甸。画家以揉擦的画法把还在枯寂中的草木状态表现了出来,也将一种冬尽春来的希望融入这一片暖色中。

五、教学反思

综上,围绕教材及本章教学目标,讲清"四个选择"中的中华人民共和国的建立和中国共产党执政地位的确立是历史和人民的选择。中国共产党"进京赶考"之所以能够圆满成功,中共中央之所以能够胜利进驻北平,这是因为党在政治上,及时实行工作重心的战略转移;思想作风上,在胜利面前保持清醒头脑,继承和发扬艰苦奋斗、谦虚谨慎的优良传统作风;经济上,在城市中坚持恢复与发展生产为中心任务;政治策略上,积极开展统一战线工作。这些成功的基本经验,今天仍然值得我们借鉴。

通过经典艺术作品赏析,借助艺术作品丰富的感染力和更形象化的表达,帮助学生理解"赶考"永远在路上的精神内涵,引导学生思考作为时代青年的责任与担当。特别是新时代背景下如何弘扬"赶考"精神,为实现中华民族伟大复兴而砥砺奋斗是教学案例引入的价值所在。那么"赶考"究竟考什么呢?

1. 考信念

"必须做到信念过硬,带头做共产主义远大理想和中国特色社会主义共同理想的坚定信仰者和忠实实践者。"心中有信仰,脚下有力量。只有坚持用科学理论武装头脑,自觉加强党性锻炼,才能筑牢政治灵魂,挺起精神脊梁,把准人生观、价值观的定盘星,练就共产党人的"金刚不坏之身"。

2. 考精神

"胜负之征,精神先见。""人无精神则不立,国无精神则不强。"精神是一个民族赖以长久生存的灵魂,唯有精神上达到一定的高度,这个民族才能在历史的洪流中屹立不倒、奋勇向前。同样,一个人在精神上达到一定的高度,这个人就能迸发出无穷的力量,创造出常人难以企及的伟大业绩。"进京赶考"很重要的一道考题,就是教会青年学子如何面对长期和平环境的考验。进入新时代,我们更要把这道考题答好,积极进取、不懈奋斗,始终保持昂扬向上的精神状态,以奔跑的姿势拥抱明天的梦想。

3. 考作风

赶考路上,面对新情况新问题新考验,只有居安思危,增强忧患意识,时刻警惕脱离群众的危险,时刻防止骄傲自满、享乐主义的滋生,才能取信于民,凝聚起干事创业的磅礴力量。

4. 考能力

2021 年 7 月 1 日,习近平总书记在庆祝中国共产党成立 100 周年大会上庄严宣告:"现在,中国共产党团结带领中国人民又踏上了实现第二个百年奋斗目标新的赶考之路。"赶考永远在路上,青年学子唯有练就过硬专业本领,砥砺奋斗,大力弘扬西柏坡时期的"赶考"精神,锐意进取、埋头苦干,才能为实现中华民族伟大复兴贡献出自己的一份力量,不负时代期许。

参考文献

[1]《美术经典中的党史》进京赶考(75)[EB/OL]. (2021 - 10 - 02)[2022 - 12 - 02]. https://tv. cctv. com/2021/10/02/VIDE5HbuFObg3VAvC91zm5CY211002. shtml.

[2] 康彦新. 毛泽东"赶考"历史命题解读及启迪[EB/OL]. (2015 - 04 - 13)[2022 - 12 - 02]. https:// news. 12371. cn/2015/04/13/ARTI1428889963889252. shtml? from = groupmessag-e&ivk _

sa＝1024320u.

［3］居宪涛."进京赶考"历史答卷的时代意蕴［EB/OL］.（2014－06－20）［2022－12－02］. http://
dangshi. people. com. cn/n/2014/0620/c85037-25175693-3. html.

［4］"赶考"考什么［EB/OL］.（2019－03－30）［2022－12－02］. https://baijiahao. baidu. com/s? id＝
1629384185932094746&wfr＝spider&for＝pc.

［5］中共中央"进京赶考"［EB/OL］.（2017－03－28）［2022－12－02］. http://www. xinhuanet.
com//politics/2017-03-28/c_129519886. htm.

教学案例一

第一面红旗

一、案例描述

　　江西曾是我国最严重的血吸虫病流行省份之一。据统计,20 世纪 50 年代,江西有 35 个县(市、区)、372 个乡(镇、场)为血吸虫病疫区,疫区人口 600 万余人,患血吸虫病者 57 万余人,感染血吸虫病的牲畜达 10 万余头。其中,余江县的疫情最为严重。

　　1955 年 11 月,毛泽东向全国发出"一定要消灭血吸虫病"的号召,决定成立中央防治血吸虫病九人小组。江西省积极响应,于 12 月成立了省委防治血吸虫病五人小组,随后又陆续在各疫区成立防治领导机构和专业机构。一场消灭血吸虫病的人民战争,迅即在全省打响。

　　消灭血吸虫病最先取得突破性进展的是余江县。该县干部群众在实践中摸索出"开新沟填旧沟,土埋灭螺"的办法,并在全县推广后获得了极大成功。1957 年 7 月 30 日至 8 月 10 日,中央防治血吸虫病九人小组办公室派人赴余江进行防治效果调查,写出了《关于余江县基本消灭血吸虫病的调查报告》。1958 年 5 月 12 日至 22 日,省委防治血吸虫病五人小组组织 37 名医学专家和血防技术人员到余江县进行全面复查鉴定,证实余江县已经达到中央消灭血吸虫病的标准。5 月 27 日,专家小组给余江县颁发《根除血吸虫病鉴定书》,宣告余江县率先在中国消灭了血吸虫病。6 月 5 日,卫生部向余江县发来贺电,称赞他们"为各血吸虫病流行地区树立了榜样"。6 月 30 日,《人民日报》以《第一面红旗》为题刊发余江县消灭血吸虫病的经过,毛泽东看了这篇通讯后,于 7 月 1 日清晨写下了著名的《七律二首·送瘟神》,鼓舞了广大人民群众战胜疫情的信念和决心。

　　在余江"送瘟神"精神的鼓舞下,江西全省掀起了防治血吸虫病的热潮。随后不到 8 个月的时间内,上犹、泰和、婺源、浮梁、奉新 5 县和南昌市又获得根除血吸虫病的胜利。到 1965 年,又有安义、万年等 12 个县(市)基本消灭血吸虫病。在长江以南流行血吸虫病的 12 个省市中,江西的血防成绩走在了全国最前列。

资料来源：全国血防战线上的第一面红旗[EB/OL]. (2016 - 07 - 07)[2022 - 12 - 02]. http://www.jxdys.cn/article/20160707/1855.html.

二、思考讨论题

案例中"第一面红旗"的意义。江西余江是新中国成立初期应对血吸虫病等重大流行病的一个缩影，它的经验是怎样的？是否显示了新中国除旧布新的决心？结合应对新冠肺炎疫情斗争，思考新中国成立初期应对流行病的经验在今天的意义。

三、案例解析

新中国成立初期，面对血吸虫病等重大疫情，在当时各种条件都极端困难的情况下，中国共产党充分发挥社会主义制度集中力量办大事的优势，积极推动全国形成一盘棋，组织动员全国党政军民学，从城市到乡村，从国内到国际，积极动员和利用一切可以利用的力量，调动国内外一切可以利用的人、财、物予以保障，一举消灭或遏制了中国大地上存在数年之久的各种疫疾，取得了防疫战争的伟大胜利，保护了亿万人民群众生命健康安全，巩固了新生的社会主义政权，充分彰显了社会主义制度的独特优越性。

第一，社会主义制度的优势不是抽象的，而是具体的。科学社会主义的基本原则要同各国实际相结合，具有道义优势的严控型的制度模式在1949—1958年特定的时空条件下，对于控制乃至应对公共卫生危机起到了历史性作用。

第二，社会主义制度的优势不是一成不变的，而是变化和发展的。新中国成立初期，轰轰烈烈的群众运动可以弥补当时物质技术严重匮乏的短板，对迅速控制公共卫生危机的确发挥了不可替代的作用。随着社会分工越来越细化，经济社会结构越来越复杂化，"大呼隆"的群众运动方式越来越不合时宜。因此，在新的历史阶段，需要对社会主义制度的原有优势进行梳理和辨别，还要开掘和发挥其新的优势。

第三，社会主义制度的优势不是自吹自擂的，而是用事实说话的。为应对血吸虫病，中央层面成立了中共中央防治血吸虫病领导小组及其办事机构，地方也成立相应的机构，这就有了组织保障；同时，各地按照国务院《关于消灭血吸虫病的指示》，开展大规模的疫情调查，进行科学研究，及时制定防治规划，并依靠人民群众开展防治，取得了显著成效，仅1964—1965年就治疗130余万人。

回顾这段应对重大疫情的历史，总结宝贵经验，对于应对新冠肺炎疫情以及未来可能出现的重大疫情都具有一定的历史价值和现实启示。

第一，坚持党中央集中统一领导。这是应对一切重大疫情的根本保证。"办好中国的事情，关键在党。"党的主要领导人高度重视是应对一切重大疫情的关键。党中央的科学决策是应对一切重大疫情的重要保障。党组织具有的强大组织动员能力是应对重大疫情的重要基础。

第二，坚持"预防为主"的工作方针。预防为主是新中国成立初期成功应对重大疫情的重要前提和基本原则。在新中国成立初期缺医少药的极端困难条件下，党和政府高瞻远瞩,及时提出并认真贯彻了"预防为主"的方针,及时建立和健全防疫体系,建立和完善防疫制度,制定防疫措施,培养防疫人才,开展防疫科学研究等相关工作,有效应对了新中国成立初期面临的重大疫情。

第三,坚持开展爱国卫生运动。爱国卫生运动是我们党把群众路线运用于卫生防治工作的成功实践,是贯彻"预防为主"方针的伟大创举。

新中国成立初期的疫情宣传教育,提高了人民群众的防疫意识和防疫能力,有效地进行疫情的信息传递和正确的舆论引导,避免引发对政府的不信任和社会恐慌。

需要指出的是,"第一面红旗"的胜利虽已成为过去,但当中孕育的血吸虫病防治精神(简称"血防精神")却是历久弥新的。

第一,"第一面红旗"所代表的血吸虫病防治精神,从最初余江凝练的"战天斗地,敢为人先,不达目的誓不罢休"衍化为"群策群力,科学防治,甘于奉献,誓送'瘟神'"的新时代血防精神。

第二,经过几十年的发展,"第一面红旗"所代表的血防精神已经成为新中国社会主义革命、建设、改革等时期形成的一系列精神谱系之一,自从有了中国共产党,中国人民的精神就由被动转向主动。

第三,"第一面红旗"在发展中已经远远突破了其原始概念和意义,成为提升国家认同和凝聚力的象征和载体,充分彰显和鼓舞人们坚定不移走中国特色社会主义道路,为实现中华民族伟大复兴而不懈奋斗。

第四,"第一面红旗"逐渐溢出了血防边界,为我们抗击新冠肺炎疫情提供了精神资源。

四、教学建议

本案例可用于第八章第一节中"教育科学文化卫生事业除旧布新"部分的辅助教学。使用本案例,使学生认识到坚持中国共产党的领导,科学防控,发挥群众的积极性和主动性,"瘟神"是可以送走的。血吸虫病在我国很早就已存在,为什么却一直没有得到有效控制? 通过本案例,使学生体会到社会主义制度的强大生命力和无比优越性,进而坚定中国特色社会主义道路、理论、制度、文化自信,领悟余江血防所凝聚的精神伟力,并意识到尊重科学的重要性。这些均为抗击新冠肺炎疫情提供了借鉴和参考。

以余江经验为典型,体现的是新中国在卫生事业方面除旧布新的努力,教师在教学过程中应在旧与新的对比上多下功夫,以点带面,使学生真正认识到中国共产党领导的人民民主专政的新政权的优越性与合法性。教师还应着重突出余江血防精神的当下价值与不朽意义,使学生深刻理解新时代精神谱系的历史逻辑、理论逻辑和实践逻辑。

五、教学反思

防治血吸虫病是新中国成立初期在卫生事业方面的除旧布新,是为巩固新政权而进行的一场斗争。选取江西余江"第一面红旗"的案例,以小见大,旨在凸显中国共产党领导的社会主义制度的优越性,并为对新冠病毒的斗争提供现实借鉴意义。

提醒注意的是,拿新中国成立初期的血防战争与六十多年后的抗击新冠病毒斗争进行比较,二者能否放在一个维度上? 毕竟中间的社会发展水平、医疗卫生条件等均发生了很大的变化。但其中一条是不容置疑的,那就是都是在中国共产党坚强有力领导下的防疫战争。中国共产党走过了百年,防疫史构成观察党的百年奋斗成就史的一个视角。

参考文献

[1] 李洪河.20世纪50年代国家对血吸虫病的防治[J].当代中国史研究,2012,19(4):68-69.

[2] 刘玉山.新中国成立初期余江县根除血吸虫病"第一面红旗"符号的形成与发展[J].毛泽东邓小平理论研究,2021(9):42-50.

[3] 朱泽林等.不忘初心送瘟神——中国共产党领导下的血吸虫病防治历程[J].疾病监测,2021,36(11):1124-1126.

教学案例二

红色资本家荣毅仁

一、案例描述

荣毅仁1916年5月1日出生于江苏无锡一个著名的工商业家族。1949年上海解放前夕,荣氏家族已迁往海外,出于爱国之心,他毅然作出留在上海的决定,逐渐成为荣氏家族企业的代表。新中国成立后,荣毅仁满腔热忱地积极投身新中国的建设事业,1950年后任上海申新纺织印染公司总管理处总经理,受到了毛泽东主席的亲切接见。他坚决拥护并自觉接受中国共产党的领导,拥护社会主义。在国家发行胜利折实公债时,他主动认购650万份,积极支持抗美援朝,捐献七架半飞机和大量衣物。

荣毅仁带领广大工商界人士认真学习马列主义、毛泽东思想,贯彻党对工商业者的方针政策,鼓励他们"听毛主席的话,跟党走,走社会主义道路"。为积极配合党和政府胜利完成对资本主义工商业的社会主义改造,1954年5月,荣毅仁率先提出对申新纺织公司等荣氏企业实行公私合营,成为工商界的一面旗帜,为新中国的工业振兴作出了重要贡献,被尊称为"红色资本家"。

在中国共产党建党80周年前夕,荣老接受记者采访回忆20世纪50年代,他说:"上海解放以后,私营工商业者切身感受到共产党是可亲、可信的,但他们在新中国的未来命运究竟如何,这是他们经常在想但并没有很好解决的问题。"关键时刻,"毛主席亲自来给我们做工作了,告诉我们站在社会主义方面,逐渐转变到新制度去,个人都有前途。这对我们是很大的教育和鼓舞"。

1956年1月10日,毛泽东视察已经率先实现公私合营的荣氏申新九厂,对上海的公私合营工作起到了很大的鼓舞和推动作用。在上海市私营工商业全部申请公私合营的前夕,荣毅仁接受了新华社记者徐中尼的采访,解释了自己作为一个资本家为什么选择社会主义道路,他坦言:"我是一个资本家,但是我首先是一个中国人……我经常接触到共产党和人民政府的负责人,在经济最困难的时候,在局势最紧张的时候,党的每一次分析,党的每一个政策,毛主席的每一句话,周到又全面,稳重又果敢,说到了就做到了。"(徐中尼:《访上海资本家荣毅仁》,《人民日报》1956 年 1 月 22 日)

资料来源:[1] 计泓赓.荣毅仁[M].北京:中央文献出版社,1999.

[2] 荣毅仁同志生平[EB/OL].(2005 - 11 - 04)[2022 - 12 - 02].https://www.gmw.cn/01gmrb/2005-11/04/content_326660.htm.

二、思考讨论题

为什么荣毅仁说"跟着共产党干社会主义,这条路是走对了"? 思考我国通过和平赎买的方式实现对资本主义工商业进行社会主义改造的必要性与可能性。如何理解中国共产党"改造企业和改造人同时并举"的方针? 对民族资本主义工商业的社会主义改造有什么意义?

三、案例解析

考察中国共产党对民族资本主义工商业的社会主义改造,红色资本家荣毅仁是一个典型的例子。毛泽东曾这样评价道:"荣家是中国民族资本家的首户。"《中华人民共和国年鉴》(2006)给予荣毅仁的第一句注解就是"中国现代民族工商业的杰出代表"。

关于如何"剥夺"被资产阶级占有的生产资料,马克思、恩格斯曾设想过暴力没收与和平赎买两种方式,我国对民族资本主义工商业的改造采用后者。20 世纪 50 年代,以毛泽东为核心的党中央依据马克思列宁主义关于资本主义经济的改造理论,结合中国的实际状况,有计划、有步骤地开展了对资本主义工商业的社会主义改造。中国共产党用自己的智慧,实践了马克思主义经典作家设想的后一种方式的有效途径,创造性地开辟了一条适合中国国情的社会主义改造道路,而国家资本主义是改造资本主义工商业、逐步向社会主义过渡的必经之路。

使资本家占有的生产资料变成人民的财产必然会带来"阵痛",将带有剥削性质的资本主义工商业者改造成为自食其力的社会主义劳动者必然会遇到一些阻力。采用和平赎买的方式,避免了激烈的阶级对抗,减少了改造的阻力,推动了生产力的发展和社会的进步。从共性上来看,通过国家资本主义对资产阶级进行和平赎买是对无产阶级最有利的事情、"再便宜不过"的事情。从个性上来看,我国采取赎买的方针对资本主义工商业进行和平改造是有多方面原因的:首先,民族资产阶级具有两面性,既有剥削工人取得利润的一面,又有拥护宪法、愿意接受社会主义改造的一面;其次,中国共产党与民族资产阶级长期保持着统一战线的关系;最后,以工人阶级领导的、工农联盟为基础的人民民主专政的国家政权已经建立了起来,社会主义国营经济掌握了国家的经济命脉,私人资本主义无论在政治上还是在经济上都对社会主义有着依赖性。

对资本主义工商业的社会主义改造最成功的经验就是把对企业的改造与对人的改造

密切地结合起来,对企业的改造是成功的,对人的改造更成功。首先,对资本家进行社会主义的教育,以提高他们的认识。一方面使他们认识到改变资本主义所有制已是大势所趋;另一方面,使他们了解党对资本家实行团结、教育和改造的方针。其次,本着"量才使用,适当照顾"的原则,给予资本家以必要的工作安排,使他们逐步成为自食其力的劳动者。再次,在生活上"包到底",给资本家以高薪。许多原工商业者提高了觉悟,转而拥护共产党的领导和社会主义制度,为国家建设事业作出了贡献。我国对资本主义工商业进行社会主义改造,不仅从经济上消灭资本主义私有制,也要消灭整个资产阶级,所以强调把资本家改造成为自食其力的社会主义劳动者,服务于崭新的社会主义建设事业。

历史证明,中华人民共和国成立初期社会主义改造是成功的,为后来社会主义制度的确立和社会主义建设奠定了牢固且雄厚的物质基础。尽管在改造中,由于进展急促,存在一些缺点和偏差,但确立起的社会主义基本经济制度,为推进中国的工业化、现代化事业,奠定了根本政治前提和制度基础。正如十一届六中全会决议所指出的那样:"但整个来说,在一个几亿人口的大国中比较顺利地实现了如此复杂、困难和深刻的社会变革,促进了工农业和整个国民经济的发展,这的确是伟大的历史性胜利。"(中央文献研究室编:《关于建国以来党的若干历史问题的决议注释本》(修订),人民出版社 1985 年版,第 18 页)

四、教学建议

本案例可用于第八章第二节"资本主义工商业的改造"部分的辅助教学。

荣毅仁,先后任上海市副市长、政协全国委员会副主席、全国人大常委会副委员长、国家副主席等职务。通过本案例的学习,使学生认识到民营资本家同样被委以重任,认识到我们党在改造资本主义企业的同时也改造资产阶级分子,使他们成为自食其力的劳动者或管理者,进而理解以毛泽东同志为主要代表的中国共产党人善于根据中国实际,对马克思列宁主义经典作家关于和平赎买的创造性实践、创新性发展。

在教学过程中教师需要指出,正是由于和平赎买,生产关系的变革才没有引发社会的剧烈动荡,社会生产资料几乎没有遭受损失。对于改造的具体方式,我们探索的是从低级到高级的国家资本主义,分步骤平稳过渡到社会主义,避免了社会的动荡。这也就从一方面印证了马克思主义中国化的历史正确性和时代必要性,从而使学生对"两个结合"的理解更加深刻。

五、教学反思

教育部高校思政课教学指导委员会出台的把党的十九届六中全会精神融入"中国近现代史纲要"课教学建议指出,本章融入的重点是在阐释新中国成立历史意义的同时,重点阐述理论探索成就中马克思主义中国化第一次历史性飞跃和百年奋斗实践中第二个"伟大飞跃",突出社会主义革命和建设"为实现中华民族伟大复兴奠定根本政治前提和制度基础"的历史地位。具体到本案例,对资本主义工商业的社会主义改造特别是和平赎买政策的实施,为新中国从新民主主义社会有序平稳过渡到社会主义社会提供了制度基础和物质保证。

使用我们较为熟悉的荣氏家族代表荣毅仁的案例,能够在认知上近距离地帮助学生理解当时民族资本家对社会主义新政权的接纳和融入。但对于当时资本家内在的矛盾心理,在本案例荣毅仁的身上并没有较为直观地呈现出来。如何把民族资本家从一开始的犹豫不决到最后决绝地走上全行业公私合营道路这一前后的转变展现出来,是需要进一步挖掘的。实际上,民族资本家前后的转变应当是中国共产党多方面努力的结果,最终是为保护和发展生产力。

参考文献

［1］计泓赓.荣毅仁[M].北京:中央文献出版社,1999.

［2］编者.世事评议——荣毅仁有关谈话和文章选登[J].党的文献,2007(3):30-36.

［3］刘林元.中国的社会主义改造:一条非暴力的社会主义革命新路[J].南京社会科学,2017(11):32-33,36.

［4］徐晓光.正确评价中国共产党百年史上的社会主义改造问题——关于社会主义改造"否定论"的驳议[J].当代世界与社会主义,2021(5):80-81.

教学案例三

职业教育法首次大修

一、案例描述

十三届全国人大常委会第三十四次会议表决通过了新修订的职业教育法,于2022年5月1日起施行。这是该法自1996年颁布施行以来的首次大修。

新修订的职业教育法从五章四十条完善至八章六十九条,由现行法的3 400余字修改为10 000余字,内容更加充实。全国人大常委会法工委行政法室副主任宋芳介绍,针对社会普遍关注的问题,比如,推动职业教育与普通教育融通、不同层次职业教育贯通,深化产教融合、校企合作,提升职业教育社会认可度,完善职业教育保障制度和措施等内容,修订后的职业教育法作出了具体规定。

我国已建成世界上规模最大的职业教育体系,目前共有职业学校1.13万所,在校生超过3 000万人。国务院2019年印发的《国家职业教育改革实施方案》指出,随着我国进入新的发展阶段,产业升级和经济结构调整不断加快,各行各业对技术技能人才的需求越来越紧迫,职业教育重要地位和作用越来越凸显。

2021年5月,国务院向全国人大常委会提请审议职业教育法修订草案的议案,修订草案经过2021年6月、12月和2022年4月的三次常委会会议审议后通过、颁布。

资料来源:新职业教育法5月1日起施行[EB/OL].(2022-04-20)[2022-12-05].http://www.npc.gov.cn/npc/c30834/202204/73a7e16e6f424db9bf85bc3dcb4c8a20.shtml.

二、思考讨论题

职业教育法首次大修对于职业教育界来说是福音,那么,修订的制度依托是什么? 它有哪些优势? 其运作逻辑是怎样的?

三、案例解析

自1996年颁布施行的职业教育法首次大修具有现实的必要性,其修订过程彰显着我国人民代表大会制度的优越性。人民代表大会是人民行使权力的机关,实行民主集中制,职业教育法修订草案先后三次经过常委会会议审议,正是民主集中制的有力展现。

我国是人民当家作主的社会主义国家,一切权力属于人民。人民性是我国一切制度的底色,要求始终坚持人民至上。人民代表大会是我国的立法机关,维护的是最广大人民群众的根本利益。1954年9月,第一届全国人民代表大会第一次会议在北京召开,标志着社会主义政治制度开始确立起来,为我国一切进步和发展奠定了重要基础。它同中国共产党领导的多党合作和政治协商制度、民族区域自治制度、基层群众自治制度一起构成我国的政治制度体系,为人民当家作主提供了牢固的制度保证。

人民代表大会制度是中国特色社会主义制度的重要组成部分,是支撑国家治理体系和治理能力的根本政治制度。我国坚持和完善人民代表大会制度,支持和保证人大依法行使立法权、监督权、决定权、任免权,严肃查处拉票贿选等行为,维护人民代表大会制度权威和尊严,发挥人民代表大会制度的根本政治制度作用。推进社会主义协商民主广泛多层制度化发展,完善基层民主制度,保障人民知情权、参与权、表达权、监督权,巩固和发展平等团结互助和谐的社会主义民族关系,是我们党在政治制度方面一贯的坚持和努力。

建设社会主义民主政治,发展社会主义政治文明,必须坚持党的领导、人民当家作主、依法治国有机统一,积极发展全过程人民民主,健全全面、广泛、有机衔接的人民当家作主的制度体系,从各层次各领域扩大人民有序参与政治,更好体现人民意志。坚持人民主体地位,保证人民依法实行民主选举、民主协商、民主决策、民主管理和民主监督。特别是党的十八大以来,我国全面推进社会主义民主政治制度化、规范化、程序化,中国特色社会主义政治制度的优越性得到了充分发挥。

近年来,"高票通过"成为我国民主政治的一个新现象。在十三届全国人大五次会议闭幕会上,几乎所有的表决事项均获高票通过。读懂"高票通过"背后的政治逻辑和制度密码,对于我们把握人民代表大会制度的本质、理解全过程人民民主具有重要意义。

首先是广大人民群众对国家机关工作的高度认可与肯定,所有工作只有体现最广大人民群众的根本利益、符合最广大人民群众的实际需要,才能得到最广泛的支持。党的十八大以来,在以习近平同志为核心的党中央坚强领导下,各国家机关牢记全心全意为人民服务的宗旨,坚持以人民为中心,始终把人民群众的急难愁盼作为工作着力点,自觉接受人民监督,国家机关的公信力越来越高,"高票通过"也就顺理成章。其次离不开党的坚强领导,历史和现实都证明,没有中国共产党,就没有新中国,就没有中华民族伟大复兴,党是领导我国事业的核心力量。最后,全过程人民民主是"高票通过"的制度密码,经过全过程性的协商讨论,共识的达成是必然的。

作为我国的根本政治制度,人民代表大会制度在我国的政治生活中发挥着举足轻重的作用。坚持党的领导、人民当家作主、依法治国的有机统一,是坚持人民代表大会制度的内在要求。人民代表大会制度为"中国之治"提供了根本遵循和制度保障。

四、教学建议

本案例适用于第八章中"社会主义基本制度的确立"部分的辅助教学。

通过本案例的教学,使学生了解职业教育法修订的制度密码即人民代表大会制度,理解 1954 年人民代表大会制度确立的历史意义,特别是它在政治制度中具有根本性地位;同时对全面依法治国的进程有一个纵深的历史视野。

教师在使用本案例的过程中,要注意避免把着力点用在强调首次大修的开创性意义,应结合我国社会主义基本制度确立的历史进程,重点讲解本案例背后的人民代表大会制度,使学生理解以人民代表大会制度为根本的政治制度的确立是社会主义基本制度在我国确立的重要开始。

五、教学反思

1954 年新中国第一届全国人民代表大会的召开,具有深远的历史意义。这次会议的召开,标志着中国人民政治协商会议代行全国人民代表大会职权的任务结束,标志着我国开始确立起人民代表大会制度,社会主义政治制度在我国逐渐地确立并完善起来。

从动态的角度探讨人民代表大会制度,就难免要与静态层面的政治制度"纠缠"在一起,所以如何在两个维度上讲好人民代表大会制度,是本案例的一个教学难点。

参考文献

[1] 中共中央文献研究室.建国以来重要文献选编(第五册)[M].北京:中央文献出版社,1993.

[2] 肖贵清.毛泽东与我国社会主义基本制度的确立[J].高校理论战线,2012(11):31-32.

[3] 李新生.关于《中华人民共和国职业教育法》修订内容的理性反思[J].现代教育管理,2021(9):122.

教学案例四

陈云的四次青浦调查

一、案例描述

为使中央的决策有科学的依据和符合全国城乡的实际,从 1955 年 1 月到 1961 年 7 月间,陈云曾四次到家乡青浦作农村调查,了解中央有关农村政策的贯彻落实情况,了解农业生产、农村发展和农民群众的生活状况。

陈云第一次回青浦家乡是 1955 年 1 月 17 日。为了解、检查中央关于粮食统购统销政策的执行情况,陈云来到青浦小蒸乡,详细查看了米店、粮仓等,找了农民、商人、教师、居民和干部等各界人士座谈,征求他们对于粮食统购统销的意见。这次农村调查,陈云重点研究了统购统销中的两个较大的问题,即农村周转粮(调剂粮)的问题和对农户统购多少、留粮多少以及缺粮怎么办的问题。

陈云第二次返青浦家乡调研是 1955 年 5 月 17 日。这是陈云收到特约农户吴福林、章步青等人的来信,反映家乡人民粮食紧缺、严重影响生产生活等困难情况后,特意从北京回家乡调研的。据当时县委书记潘烈等同志回忆,陈云这次回青浦,主要解决了粮食统购过头的问题,座谈了对私改造中的政策。陈云在家乡调查,每到一处总要反复强调艰苦奋斗,反对铺张浪费,所到之处一律不准设宴招待,还严格规定自己的伙食标准。

陈云第三次回青浦的时间是 1957 年 3 月 28 日。这一次是为了当时肆虐全国部分地区的血吸虫病。青浦是全国 10 个血吸虫病严重流行县之一,陈云视察了青东区里浜村血吸虫病流行疫区,到城北乡仓元合作社视察了灭钉螺情况以及粪便管理、水管建设等工作,又到血防站治疗组,视察了血吸虫病患者的治疗情况,并走进病房亲切慰问了病人。

1958 年,"大跃进"开始,同时又掀起人民公社化高潮。高估产、高征购,严重挫伤了农民的生产积极性,加上连年自然灾荒,使农产品的产量急剧下降。针对这些农业上存在的问题,1961 年 6 月,陈云再次回到家乡,这次调查的目的正是为了进一步制定农村经济政策,以贯彻和落实中共中央八届九中全会关于"调整、巩固、充实、提高"的精神,集中力量加强农业在国民经济中地位的方针调整。

资料来源:陈云的四次青浦调查[EB/OL]. (2017 - 05 - 09)[2022 - 12 - 05]. http://www. shtong. gov. cn/node2/n189665/n189674/n150333/n150380/index. html.

二、思考讨论题

从陈云的四次青浦调研中,思考陈云在社会主义革命和建设时期作出了怎样的贡献,他在工作中贯穿的工作方法有哪些? 陈云身上体现了中国共产党人怎样的精神品质?

三、案例解析

作为新中国第一代领导集体的重要成员,陈云在稳定国民经济、建立新经济秩序方面成就突出,是我国社会主义经济建设的开创者和奠基人之一。陈云为新中国迅速恢复国民经济、安定人民生活,实行对粮食、棉花等主要农产品统购统销,开展大规模工业化建设、建立独立的比较完整的工业体系和国民经济体系,确立和完善社会主义基本经济制度,做了大量卓有成效的工作,为探索和开创中国特色社会主义道路作出了杰出贡献。

陈云长期主持经济工作,他头脑清醒、目光敏锐、经验丰富,为制定党的路线方针政策,为国民经济的恢复、人民政权的巩固和社会主义事业的发展,作出了非常有力的贡献,留下了极为丰富的精神遗产。陈云在长期领导经济建设和经济改革中,形成了既符合马克思主义基本原理和中国国情,又具有鲜明特色的经济思想。陈云的经济思想构成毛泽东关于中国社会主义建设思想的重要组成部分。

在党的第一代领导集体积极探索适合中国国情的社会主义建设道路时,陈云提出了"三个主体,三个补充"的设想。在经济结构和经济发展速度方面,他强调必须按比例发展。在宏观经济统筹方面,陈云提出了综合平衡、农业的基础性地位、宏观调控等重要思想,深刻论述了建设规模必须同国力相适应,国家建设和提高人民生活水平必须兼顾,制定经济计划必须做好财政收支、银行信贷、物资供需和外汇收支的综合平衡。在协助周恩来抓外贸工作时,陈云提出研究当代资本主义、利用外资和引进外国先进技术为我国经济建设服务。

事实上,陈云提出的"三个主体,三个补充"重要思想,体现了"以苏为鉴"的创新精神,是社会主义经济体制改革的先声。对此,胡锦涛同志在陈云同志诞辰 100 周年纪念大会上的讲话中指出,"(它)是结合我国实际、突破苏联经济模式的一种新构想,在当时是十分难能可贵的。"

20 世纪 60 年代初,我国经济处于最困难的时期。为了克服严重困难,尽快恢复和发展国民经济,毛泽东向全党发出"大兴调查研究之风"的号召。陈云是开展调查研究的典型,他的文选、文集中蕴藏着大量实事求是、求真务实的作风。毛泽东曾称赞陈云:"他的方法是调查研究,不调查清楚他就不讲话。"

陈云在上海青浦的农村调查研究,就是他众多调查研究中的典型。上海解放后,陈云主持打赢了稳定金融物价的经济战第一仗,为新中国经济建设开好局奠基了重要基础。社会主义建设初期,陈云把上海青浦作为调查研究的重要基地之一,深入调研、问计于民,为中央实行调整方针、制定农村政策提供了重要决策依据。

"不唯上、不唯书、只唯实,交换、比较、反复"十五字诀是陈云的经典总结。深入实际、调查研究,体察基层实情,了解群众心声,是陈云一贯的工作作风,也是他能够提出和制定决策的重要法宝。在陈云同志诞辰 100 周年纪念大会上的讲话中,胡锦涛同志指出:"困难关头,人们总是希望听到陈云同志的意见,他也总是能够不负众望,洞悉全局,抓住要害,及时拿出解决问题的有效办法。"

今天我们纪念陈云,一方面是因为他为恢复和发展国民经济、巩固新生人民政权、完成社会主义革命、确立社会主义制度、推进社会主义建设作出了功不可没的贡献。另一方面,最为可贵的是,陈云为全党树立了贯彻实事求是的思想路线、深入实际进行调查研究、一切从实际出发的光辉榜样,这是中国共产党人宝贵的理论品质。"没有调查就没有发言权。"调查研究是深入实际的最好手段,是决策遵循的科学原则。新时代需要发扬调查研究之风,这是陈云等老一辈革命家留给我们宝贵的精神遗产。

四、教学建议

本案例适用于第八章"社会主义建设"部分的辅助教学。使用本案例,使学生一方面了解包括陈云同志在内的党的第一代领导集体积极探索适合中国国情的社会主义建设道路的独创性理论贡献,另一方面体会陈云早在延安时期就已提出的"不唯上、不唯书、只唯实,交换、比较、反复"的"十五字诀"。使学生在理解社会主义建设的良好开端离不开陈云等老一辈革命家的付出的同时,更能领会陈云等人的宝贵工作思路和方法,为未来投身社会主义现代化建设事业打好基础。

大兴调查研究之风,是加强党的执政能力建设的重要途径。教师在使用本案例的过程中,应强化陈云深入调研、问计于民的精神,结合当下我国不断推进国家治理体系和治理能力现代化的需要,阐明实事求是的方法论意义。

五、教学反思

以陈云的四次回乡调查作为典型案例,旨在说明陈云调查研究、深入实际的工作方法,进而梳理他为新中国的经济建设作出的贡献,特别是他的经济思想为新中国成立初期国民经济的恢复、新生人民政权的巩固和社会主义基本制度的确立,以及对社会主义建设和改革开放新时期,包括中国特色社会主义新时代所具有的历史意义。

以党史人物的叙事来观照社会主义革命和建设时期的历史,以小见大,便于学生更好地理解新中国建设史。但经济是一个相对专业的领域,选取陈云的"经济经"对于经济学专业以外的学生来说可能存在一定的困难。

参考文献

[1] 孙业礼,熊亮华.共和国经济风云中的陈云[M].北京:中央文献出版社,1996.

[2] 占善钦.试论陈云调查研究的历史经验[J].中共党史研究,2011(12):102-108.

[3] 萧冬连.一九七九年至一九八一年的经济调整研究[J].中共党史研究,2015(9):74.

[4] 彭庆鸿,吴晓荣.陈云关于经济建设的几个思想和工作方法[J].党的文献,2021(2):88-94.

[5] 熊晓琳等.陈云综合平衡论及其启示[J].海南大学学报(人文社会科学版),2022(4):1-3.

| 教学案例五

张峻明谈油画《三线建设》的创作体会

一、案例描述

之所以选择这个题目,是因为我个人的创作一直在关注三线建设时期遗留下的"遗址",即废墟工厂,画了十几年。这次建党百年创作工程,我选择了画三线工程,就是希望将这段历史落实在历史事实的基础上,真正为百年作出自己的一些贡献。

最早在中国美协的创作动员会上,在200多个选题中,我看到三线建设的题目,当时脑子里就呈现出一些画面的构想。听了很多党史专家对题目的解读后,最后确立了新中国最著名的成昆铁路的建设场景。

《三线建设》共画了四幅草图,第一幅的构思、构图确定在工厂车间里,画的内容是经过了一段时期的苦干,迎来了阶段性成果,当地文宣队慰问驻地工人与知识分子的场景,道具、背景都符合实际的需要,但就是气氛不够宏大,史诗性不够强大。经过了党史专家对这个选题的进一步解读,我确定了此幅作品的表现主题:大背景是成昆铁路的建设,人物形象是从全国各地涌来的建设者和军队转业的筑路机械工程兵。

在人物和场景的关系中,大体上是营造大伙儿正在干活儿的气氛:前面有测量的、测绘的等几组具体情景的人物;中景是刚到前线的知青,他们拉着红旗,气氛十分欢快;远景是成昆铁路穿越山洞的建设场景。画面中的人物,比如抬的、挖的,还有铲的,他们前后的位置关系、神情动态,包括服装、标语、网兜等这些道具,都直接映射了那个历史年代。

其间遇到最大的问题和自己思考最多的,是对那个年代人的精神肖像和气质的把握,还有历史语境问题。在正稿深化阶段,我将主体形象及周围人物的组合搭配,都重新作了调整,中景中的人物动态和形象也作了改动,以更好地表达出年轻知识分子的朝气与义无反顾的革命精神。三线建设者们,天当房,地当床,逢山开路,遇河架桥,硬是把封闭的、与世隔绝的大山与外界连接了起来,创造了世界奇迹。

以真实的历史为依据进行创作,表达出来的不仅是历史的真实,还有那个火热的年代带给今天人们的思考。

资料来源:张峻明.油画《三线建设》创作体会[J].美术,2021(07):69 - 72.

油画《三线建设》张峻明创作

二、思考讨论题

三线建设的历史背景是什么?作者为什么说那是一个"火热的年代"?结合党史和新

中国史,谈谈三线建设的历史意义是什么,今天又带给我们怎样的思考。

▪三、案例解析

三线建设是始于 1964 年,调整于 20 世纪 80 年代中期,以我国西南和西北地区为重点区域开展的一场以备战为目的的大规模国防、科技、工业和交通基本设施建设,由大、小三线建设两部分组成,结束于 20 世纪八九十年代。三线建设是特殊时期结合我国的地理格局而作出的国家重大决策,横贯三个"五年计划"。

新中国成立以来,以美国为首的帝国主义国家一直对我国实行政治孤立、经济封锁、军事颠覆的反华政策。60 年代中苏关系破裂后,苏联和美国两个超级大国从南北两线对中国形成夹击之势。而日本和韩国也与中国为敌,国际安全环境恶劣且形势逼人,由此,毛泽东认为第三次世界大战随时可能爆发,中国是战争的焦点。因此,毛泽东主张"深挖洞、广积粮",必须加强战备。就国内而言,我国工业过于集中,大城市人口多且大部分集中在沿海地区,一旦发生战争,沿海地区特别容易遭到空袭,其后果对我国而言是致命的。

早在 1964 年 5—6 月的中央工作会议上,毛泽东就把国防看作是与农业并列的"一个拳头"。针对当时我国重工业和国防工业的地理分布状况,毛泽东从地理和备战的角度,提出把全国划分为一、二、三线的战略布局:把东南沿海地区和靠近苏联的"三北"地区定为一线,把中部省区定为二线,把西南、西北的内地和山区定为三线(作为战略后方),强调实行战略转移,加紧"大三线"建设,把它们建设成为重要的国防军事工业基地,要求各省区根据自己的区域和地形特点,建设"小三线",把重工业和国防工业放在隐蔽的山区。

"好人好马上三线"是当时最为流行的口号。当年许多人都是在毛泽东那句"三线建设搞不好,我睡不着觉"的激励下,毅然从生活条件相对优越的大都市奔向了山区,引发了数百万人的大迁徙。

三线建设为新中国的经济、国防、交通等领域作出的贡献是举世瞩目的。在当时国家综合国力不强、财力吃紧的情况下,国家对三线地区投入了大量人力物力和财力,新建了成昆、贵昆、襄渝、湘黔、焦枝等一批铁路干线和一大批公路干线,大大改善了这些地区的交通状况,建成了像攀枝花、重庆、绵阳、遵义、凯里等一大批重要的国防工业基地,内迁一大批技术力量强、科技含量高的科研院所和工业企业,使相对落后的广大西部地区有了长足的发展。当时三线建设项目较为集中的四川省,其国民生产总值在相当长的时间里都位居全国前列就充分说明了这一点。

自 1964 年开始的三线建设,提高了我国的国防能力,改善了我国国民经济布局。作为一项国家工程,三线建设是在国际冷战背景下开展的国防战备和工业迁移活动,具有战略大后方和经济区域两方面的意义,对当代中国社会产生了深远影响。三线建设不仅加强了国防实力、改变了工业布局,客观上也为西部地区和内地城市的发展带来了前所未有的机遇,为西部落后地区奠定了交通、科技、工业体系、人才和资源开发等重要基础,为西部地区可持续发展创造了条件,初步改变了东西部经济布局不平衡的状况。

精神是对一个时期的最好总结,三线建设孕育的"三线精神"即"艰苦创业、无私奉献、团结协作、勇于创新",在今天也具有重要意义。"献了青春献终身,献了终身献子孙。"建设者们的家国情怀,所表现出来的艰苦奋斗、无私奉献的精神,是中华民族精神的重要组成部分,永远值得肯定与发扬。"三线精神"是我国全面建设社会主义现代化国家不可或缺的精神源泉,同时也是开展党性教育和爱国主义教育的素材。

四、教学建议

本案例适用于第八章"全面建设社会主义的成就"部分的辅助教学。

通过本案例的教学,使学生全面认识新中国历史上的三线建设,理解其战略调整的历史意义与现实价值,特别是三线建设者们所凝聚的"三线精神",在我国第二个百年的历史征程中依然不可或缺;使学生领会精神的伟力,传承并发扬之。

三线建设的经济效益并不理想,这是一个不争的事实。但教师在使用本案例的过程中,应当让学生以历史的眼光审视新中国的这段建设历程。"备战备荒为人民""好人好马上三线""献了青春献子孙"等话语的流行,体现了当时投身三线建设的高涨热情;其所推动的我国工业布局,一定程度上巩固了国防,也对我国经济的均衡有所助益。

五、教学反思

备战背景下开启的三线建设在中华人民共和国历史上规模空前、影响深远,为新中国生产力的布局奠定了坚实基础。案例中的作品所要表达的是共和国工业化的集体历史叙事下个体的精神状态,火热的建设场景正是火热的年代的折射。习近平总书记作出过"用好三线建设宝贵财富"的重要指示,新时代需要大力弘扬"三线精神"。

如果以精神的维度来观照三线建设,结合百年党史,"三线精神"与以伟大建党精神为源头的中国共产党人精神谱系之间的关系怎样,它们之间是否具有内在的一致? 这是需要进一步展开的层面。探究艰苦建设环境下人们的精神依然高涨的原因,对新时代的社会主义建设者和接班人具有启迪意义,以三线建设精神为引领,继续开创未来。

参考文献

[1] 梁昱庆.谈毛泽东关于"三线"建设的思考与探索[J].毛泽东思想研究,2001(01):68-90.

[2] 徐有威等.多维视角下的三线建设研究(笔谈)[J].华中师范大学学报(人文社会科学版),2021(01):133-142.

[3] 郑妮."三线精神"的凝练历程与时代价值——以攀枝花三线建设为例[J].天府新论,2021(03):10-12.

邓小平与党的第二个历史决议

一、案例描述

第三稿(《关于建国以来党的若干历史问题的决议》)提交党内 4 000 名高级干部讨论,这是党内一次民主大讨论。气氛十分热烈,大家畅所欲言,出现了热烈的议论和争论,焦点集中在对毛泽东、毛泽东思想的评价上。

邓小平敏锐地发现了讨论中的偏向、偏差,他严肃、尖锐地指出:"毛泽东思想这个旗帜丢不得。丢掉了这个旗帜,实际上就否定了我们党的光辉历史。"

"我们能够取得现在这样的成就,都是同中国共产党的领导、同毛泽东同志的领导分不开的。"

"对毛泽东同志的评价,对毛泽东思想的阐述,不是仅仅涉及毛泽东同志个人的问题,这同我们党、我们国家的整个历史是分不开的。要看到这个全局。这是我们从决议起草工作开始的时候就反复强调的。"

"决议稿中阐述毛泽东思想的这一部分不能不要。这不只是个理论问题,尤其是个政治问题,是国际国内的很大的政治问题。如果不写或写不好这个部分,整个决议都不如不做。"

"对于错误,包括毛泽东同志的错误,一定要毫不含糊地进行批评,但是一定要实事求是,分析各种不同的情况,不能把所有的问题都归结到个人品质上。毛泽东同志不是孤立的个人,他直到去世,一直是我们党的领袖。对于毛泽东同志的错误,不能写过头。写过头,给毛泽东同志抹黑,也就是给我们党、我们国家抹黑。这是违背历史事实的。"

这是邓小平 13 次谈话中分量最重的一次。他着重讲评价毛泽东的重大利害关系,要从党的大局出发,不能导致否定党的旗帜和历史。

资料来源:陈东林.邓小平《关于建国以来党的若干历史问题的决议》的形成[J].党史博

览,2013(07):80 - 83.

二、思考讨论题

粉碎"四人帮"后,党和国家采取了哪些措施消除"文化大革命"在政治上思想上造成的混乱? 在这个过程中,我们应如何评价毛泽东同志的功过和毛泽东思想?

三、案例解析

《关于建国以来党的若干历史问题的决议》形成于改革开放新时期解放思想、拨乱反正的历史转折之中。经过真理标准问题大讨论这场思想解放运动的洗礼,党的十一届三中全会实现了新中国成立以来党的历史上具有深远意义的伟大转折,党内外呈现出一派安定团结、生动活泼的政治局面,但也存在一些对新的路线方针政策、对新中国成立以来党的历史问题的错误认识。特别是如何评价毛泽东同志的功过和毛泽东思想,更是成为党内外、国内外高度关注的一个重要政治问题。面对这种情况,党中央认为,要顺利推进改革开放,全面完成拨乱反正,必须正确认识新中国成立以来党所走过的道路,全面总结这一时期的历史经验,并对一些重大历史问题作出结论,以分清是非,统一思想。

《关于建国以来党的若干历史问题的决议》(以下简称《决议》)是中国共产党历史上最重要的文件之一,起草历时 20 个月,较大的修改共 9 稿。邓小平从确定《决议》总原则、设计《决议》结构,到判断是非、修改文字都倾注了极大的精力,共作了 13 次专门的重要谈话和讲话,其中有 9 篇已经摘录收入《邓小平文选》。邓小平为《决议》的形成作出了杰出贡献。邓小平同志曾先后十多次召集起草组开会,对起草工作作出一系列重要指示。他明确提出起草"历史决议"要突出三条"中心的意思":一是确立毛泽东同志的历史地位,坚持和发展毛泽东思想,这是最核心的一条;二是实事求是分析建国三十年来历史上的大事,公正评价其中的功过是非;三是通过这个决议对过去的事情做个基本总结,引导大家团结一致向前看。同年 6 月,党的十一届六中全会一致通过了这份凝结了集体智慧、代表了全党意志的《关于建国以来党的若干历史问题的决议》,党在指导思想上的拨乱反正也由此胜利完成。

《关于建国以来党的若干历史问题的决议》分八个部分,回顾了新中国成立以前党的历史,总结了新中国成立以后社会主义革命和建设的历史经验,对一些重大事件和重要人物作出了评价,特别是正确评价了毛泽东同志和毛泽东思想。其中,第一部分简要回顾了建国以前二十八年的历史。第二至第五部分对社会主义革命和建设时期党的历史作了系统总结,指出这段历史"总的说来,是我们党在马克思列宁主义、毛泽东思想指导下,领导全国各族人民进行社会主义革命和社会主义建设并取得巨大成就的历史"。第六部分阐述了结束"文化大革命"以来党和国家事业实现的伟大转折。第七部分实事求是地评价了毛泽东同志的历史地位,充分肯定了毛泽东思想作为党长期坚持的指导思想的伟大意义,特别指出要"把经过长期历史考验形成为科学理论的毛泽东思想,同毛泽东同志晚年所犯的错误区别开来",并对毛泽东思想"多方面的内容"和"活的灵魂"作出科学概括。第八部分指出,

"三中全会以来,我们党已经逐步确立了一条适合我国情况的社会主义现代化建设的正确道路",并对其"主要点"从十个方面作了概括。这实质上初步提出了在中国建设什么样的社会主义和怎样建设社会主义的问题。

四、教学建议

本案例可用于"历史性的伟大转折"的教学,主要用来说明《关于建国以来党的若干历史问题的决议》的形成过程。在讲到关于如何评价毛泽东和毛泽东思想(包括评价党的主要领导人的观点和方法)这一问题时,建议参考习近平总书记《论中国共产党历史》一书中的《在纪念毛泽东同志诞辰一百二十周年座谈会上的讲话》和《在纪念邓小平同志诞辰一百一十周年座谈会上的讲话》两篇文章。

在讲述了这一案例之后,教师组织学生围绕"邓小平指导《关于建国以来党的若干历史问题的决议》的形成给了我们什么启示"进行思考、讨论。在学生充分讨论的基础上,教师进行总结点评。重点说明邓小平主持的这个历史决议是党的"第二个历史决议",除此以外还有1945年通过的"第一个历史决议"和2021年通过的"第三个历史决议"。最好把三个决议作一简要概述,以凸显邓小平主持的"第二个历史决议"在我们党百年发展历程中的作用和意义。

五、教学反思

邓小平对《关于建国以来党的若干历史问题的决议》有个评价:这个"决议"是根据一开始提出的三项基本要求写的,现在的稿子"真正是达到了我们原来的要求。这对我们统一党内的思想,有很重要的作用"。"这个决议是个好决议","相信这个决议能够经得住历史考验"。

邓小平是"决议"的"总设计师",几十年来的实践证明,他的设计和把握是完全正确的。《关于建国以来党的若干历史问题的决议》反映了党的十一届三中全会历史转折的主要内容,为完成党的指导思想上拨乱反正作出了伟大贡献,为我们学习和研究党的百年历史特别是新中国成立以后的历史提供了根本遵循。

重视和善于总结历史,是一百年来我们党不断战胜困难,从胜利走向胜利的一条成功经验。在我们党百年历史上,先后于1945年4月党的六届七中全会通过《关于若干历史问题的决议》、1981年6月党的十一届六中全会通过《关于建国以来党的若干历史问题的决议》和2021年11月党的十九届六中全会通过《中共中央关于党的百年奋斗重大成就和历史经验的决议》。这三个历史决议,尽管历史条件、时代背景和具体内容不尽相同,但都是我们党在重大历史关头,以高度的历史自觉,通过总结党的历史,牢牢掌握党和人民事业发展的历史主动,作出的重大战略决策,体现了我们党始终以史为鉴、坚持社会革命与自我革命相统一、从错误中吸取教训并不懈奋斗的优秀品格。前两个历史决议不仅在当时起了极其重要的作用,在今天仍然具有十分重要的指导意义。

参考文献

［1］陈东林.邓小平与《关于建国以来党的若干历史问题的决议》[J].当代中国史研究,2004(04)：33-40,125.

［2］石仲泉.中国共产党三个历史决议的历史使命及重要意义[J].中共中央党校(国家行政学院)学报,2022,26(01)：5-15.

［3］程中原,夏杏珍.历史转折论——从遵义会议到十一届三中全会[M].北京:人民出版社,2002.

［4］骆郁廷,余杰.中国共产党总结历史经验的基本特点——基于三个"历史决议"的思考[J].思想理论教育导刊,2022(02)：89-98.

［5］习近平.习近平谈治国理政(第一卷)[M].北京:外文出版社,2018.

教学案例二

高考 1977——伟大历史转折的序幕

一、案例描述

1977 年全国恢复高考,一度被认为是改革开放前的一声春雷,彼时十一届三中全会还未召开,恢复高考让年轻人看到人生与国家的希望。

"春雷声"最先从广播和报纸传出。很多人的记忆中都有按捺不住喜悦的年轻人骑着自行车奔走相告的情景。

从 1970 年到 1976 年,我国实行的高招十六字方针是"自愿报考,群众推荐,领导批准,学校复查"。其中的关键是"领导批准",这让许多年轻人感到无望,"并不知道怎样才能得到机会"。

1977 年 7 月,十届三中全会决定恢复邓小平同志职务,他主动要求分管科教工作。8 月4—8 日连续 5 天与科教界代表座谈,发出了高考要恢复的强烈信号。可大家都没想到高考会"来得这么快、改得这么彻底",甚至连与会代表时任教育部部长的刘西尧也以为"今年恢复高考来不及了,招生工作会议已开过了"。但邓小平毅然决定于当年恢复高考。10 月 21日,《人民日报》头版头条刊登"高等学校招生进行重大改革"的报道:不论家庭出身、不需单位批准;基础学历、年龄不受限制,已婚照样可以报考;本省市招生的学校和专业登在报纸上任申请人选报……大学的大门重新向所有人打开,公平竞争的时代回来了!

1977 年高考是在寒冷的冬天进行的,却散发出春天的气息。高考前,新华书店门口排起了长龙,每个人脸上都挂着幸福的笑容。许多年轻人为了从千军万马中突围,在昏暗灯光下苦读至深夜都不觉疲倦。

1977 年 11 月 28 日至 12 月 25 日,全国范围有 570 万年龄参差不齐的青年走进了高考考场,有的夫妻同考,有的师生同场,还有的兄弟叔侄一家同试……

恢复高考让历史的车轮指向了新的方向,中国重新迎来尊重知识、尊重科学、尊重人才的时代,这个意义远远超出高考本身。

"恢复高考关系到千家万户,得到亿万人民群众的拥护。"这场历史性的制度变革对中国社会的影响是全方位的,它冲破了"两个凡是"的思想藩篱,改变了一代代人的命运,也向全世界昭示了中国即将发生巨变,为一年后的十一届三中全会奠定了重要的群众基础。

资料来源:[1] 方夷敏,刘丽君.揭秘高考恢复内幕:20分钟邓小平拍板恢复高考[EB/OL].(2007 - 08 - 07)[2022 - 09 - 07]. https://www. chinanews. com. cn/edu/jygg/news/2007/08-07/996687. shtml.

[2] 胡春艳.恢复高考:拉开伟大历史转折的序幕[EB/OL].(2021 - 03 - 23)[2022 - 09 - 07]. http://news. youth. cn/gn/202103/t20210323_12792937. htm.

二、思考讨论题

为什么说1977年恢复高考为伟大历史转折拉开了序幕?科学和教育对于改革的意义是什么?

三、案例解析

"文革"十年动乱,"四人帮"一伙阉割、篡改马克思主义,在理论上造成极左思潮泛滥。在教育领域炮制"两个估计",污蔑新中国成立17年来教育战线一直是"资产阶级黑线专政",残酷迫害广大知识分子和教育工作者,并在1966年取消了高考,全国高校招生因此完全停止。1972年,虽然部分高校开始招生,但在招生过程中,"四人帮"通过批判所谓"师道尊严""智育第一""白专道路",取消了文化考试,推行"推荐上大学"政策,仅有初中、小学文化的人同样被"推荐"上大学。十年浩劫的严重破坏和"推荐上大学"的荒谬政策,给我国的科学教育事业造成灾难性后果:校园一片荒芜,人才出现严重断层。"文革"结束后,国家面对百废待兴的混乱局面,亟需拨乱反正。

1977年7月,邓小平同志甫一复出即主动要求分管科学教育工作,将此作为推动拨乱反正的突破口,体现了他的高瞻远瞩。为早出人才、快出人才,他突破种种束缚和限制,作出当年恢复高考的重大决策,在当时可谓石破天惊之举。它打破了思想坚冰,给广大知识青年和全社会带来巨大的正能量,为中国拨乱反正、走向改革开放注入了无比强大的动力。

高考是在"两个凡是"还没有被打破的情况下恢复的,它有力推动了拨乱反正,为17年教育战线恢复了名誉。恢复高考成为准确、完整地理解毛泽东思想的典型,具有重大政治意义:

首先,它打破了"两个凡是"思想教条的束缚。1977年,全党全国人民面对的是"文革"留下的烂摊子和百废待兴的艰巨任务。但是,当时主持中央工作的华国锋坚持和推行"两个凡是"(凡是毛主席作出的决策,我们都坚决维护,凡是毛主席的指示,我们都始终不渝地遵循)的错误方针。不突破这一束缚,一切拨乱反正都无从谈起。邓小平在尚未复出前,就于1977年4月10日给中央写信,提出:"马克思、恩格斯没有说过'凡是',列宁、斯大林没有说过'凡是',毛泽东同志自己也没有说过'凡是'。……我们必须世世代代地用准确的完整的毛泽东思想来指导我们全党、全军和全国人民,把党和社会主义的事业,把国际共产主义运动的事业,胜利地推向前进。"邓小平对"两个凡是"的批评,开解放思想的先河。1977 年 5 月 3 日,中央转发此信,肯定了邓小平的正确意见,在实际中冲破了"两个凡是"的禁锢。恢复高考,成为扭转"左"的思想、破除"两个凡是"的突破口,成为否定"文化大革命",为所谓"修正主义路线"平反的开端,成为全国思想解放的先导,也是改革开放的先声。

其次,彻底破除了"两个估计"的桎梏。1971 年,"四人帮"炮制、并经当时召开的全国教育工作会议通过了《全国教育工作会议纪要》(以下简称《纪要》)。在这个《纪要》中"四人帮"抛出了"两个估计",对建国 17 年来我国教育事业取得的成就予以彻底否定。1977 年 9 月 19 日,邓小平同教育部主要负责人进行了关于"教育战线拨乱反正问题"的谈话,指出,"《纪要》引用了毛泽东同志的一些话,有许多是断章取义的。《纪要》里还塞进了不少'四人帮'的东西。对这个《纪要》要进行批判,划清是非界限。"谈话推翻了"两个估计"的错误结论。10 月 12 日,国务院批转了教育部《关于 1977 年高等学校招生工作的意见》。至此,被取消长达 11 年的高考正式恢复,为一系列重大问题的拨乱反正拉开了序幕。

恢复高考的决策使全国人民看见了党中央正本清源、解放思想、拨乱反正的坚强决心。从某种意义上说,也是不久后在全国开始的关于真理标准大讨论的一次成功预演。

恢复高考还具有重大社会意义:

第一,全社会重新树立了尊重知识、尊重人才的观念。恢复高考后实行统一考试、择优录取的规定宣告了"文革"中"推荐上大学"办法的废止,标志着"知识越多越反动"的荒唐历史已经成为过去。分数面前人人平等的原则,荡涤了"读书无用论"的浊流,中国社会从此迎来了尊重知识、尊重人才的春天,为改革开放准备了人才。恢复高考所恢复的不仅是参加了那场考试的 570 万考生的信心与希望,它还使数千万知识青年认识到知识的重要性、教育的重要性,是一场实实在在的"教育复兴运动"。莘莘学子在毕业后投身社会建设,迅速成长为支持改革开放、经济起飞、社会进步的中坚力量。

第二,重建社会公平正义的价值观念。恢复高考的《意见》规定:政审主要看本人表现;对"老三届"等往届毕业生放宽年龄限制;婚否不限;对符合报考条件的人员,报考时,其所在单位不得无故阻拦;符合条件的所有报考人员不受家庭出身的限制;大学按高考成绩择优录取。这一系列正确的政策措施切实破除了长期存在的"唯成分论",制止了部分单位无故设限的行为,实现了公民获得知识和接受教育的平等权利。

四、教学建议

本案例适用于第九章第一节中重点之一的"历史性伟大转折"部分的讲解。恢复高考是这个历史关头的高光一瞬,但是其过程的曲折和影响的深远常被忽略。讲解 1977 年恢复高考制度要突出它在历史性伟大转折进程中的作用和意义。

五、教学反思

1. 教学理念

真理标准大讨论及十一届三中全会作为新中国历史性的伟大转折,是本章重点之一。

如何能让学生们更加深刻地认识和理解这一问题,需要找到一个和他们经历相关的突破口。大学生对于高考感同身受,通过讲高考的历史将他们带入那个时代的变化,能够激发兴趣,加深理解。

2. 实施效果

大一学生对于自己的高考经历记忆犹新,讲恢复高考的历史能较好调动他们思考的主动性。由高考对个人成长的意义扩展到恢复高考对国家、社会和时代的意义,从而帮助理解"伟大转折"的深刻内涵。可配合电影《高考1977》片段使用。

参考文献

[1] 谢显宁.恢复高考制度的历史意义及启示[J].天府新论,2007(05):5-8.

[2] 刘淑珍.邓小平与恢复高考[J].中国档案,2008(10):52-53.

[3] 梁昕照.对知识的尊重,对思想解放的礼赞[N].社会科学报,2009-03-26(08).

[4] 刘海峰.恢复高考的重大意义与深远影响[J].中国高等教育,2018(11):42-44.

教学案例三

款款东南望,一曲"迷鸽"归

一、案例描述

2022年2月4日晚,第二十四届冬季奥林匹克运动会开幕式在北京国家体育场举行。这是又一个中国惊艳世界的时刻。其中由数百名小朋友手持模型灯笼进行的和平鸽展示节目《闪亮的雪花》备受瞩目,极具深意的情节戳中了许多人的心:一只"小鸽子"掉队了,另一只"鸽子"姐姐跑出来,把她率回队伍中。这期间,其他的"鸽子"一直望向东南,等着迷路的小鸽子回来……所有的"鸽子"一起组成一个大大的心形。

开幕式后,"一鸽都不能少"迅速登上热搜。有网友直言,"早点回来,说的就是中国台湾"。中国台湾学者苑举正表示,冬奥会开幕式,最让自己感动的就是东南角的两只小白鸽。"我那天一看,怎么搞的有两点在外头?后来一下子明白了。其实寓意很深,永远不忘和平统一,拉回去了没有狠打一顿。看懂的人还是看得懂的,装睡的人是叫不醒的。"

台湾媒体也对开幕式上的这一幕进行了报道,其中虽有绿媒酸气冲天的"忧虑",但也有"两岸一家"的真情流露。如台湾前"立委"曹原彰2月6日刊于台湾"中时新闻网"的评论文章《小人物大愿景,我看完北京冬奥开幕式后的祈祷》。

文章说:"2月4日在厦门观看北京冬奥开幕式直播","看到字幕上升起'一起向未来,全世界团结一心愿景',一个来自马祖跟祖国同岁的老人家心头一阵悸动,眼眶里涌出泪水。内心深处十分复杂和痛楚,只因为我看到了祖国大陆用心良苦地举办冬季奥林匹克运动会,也看到了来自台湾的队伍走入了冬奥阵容。"

"我从两岸分裂的当年出生到现在,经历了70多年的两岸分裂,可以说清清楚楚目睹了两岸的消长,尤其是祖国大陆军事和科技的崛起与强大,更深深地察觉两岸不能长此下去,所以我们必须回到现实面……"

"新年后的第一次跟网友面谈,我的大愿景就是回归一统。就像奥运画面上,许多小朋友手中持着鸽子,有一只鸽子远离了群众,我们要把那只远离群众的鸽子找回来,那象征着什么? 一'鸽'都不能少,我们一定要把台湾带回家,我虔诚地祈祷但愿不久的将来,我们全民欢欣鼓舞,且充满自信又骄傲地看到两岸统一后'中国台湾'的队伍,进入冬奥会的会场。掌声响起,中国加油! 运动员加油!"

资料来源:［1］乌元春.昨夜鸟巢"一'鸽'都不能少",网友被一层"深意"戳中了![EB/OL].（2022－02－05）［2022－09－07］. https://3w. huanqiu. com/a/c36dc8/3442007971389298075? agt＝12.

［2］如风."一鸽都不能少",绿媒反应大了［EB/OL].（2022－02－06）［2022－09－07］. https://www. jfdaily. com/news/detail? id＝449163.

［3］曹原彰.小人物大愿景,我看完北京冬奥开幕式后的祈祷［EB/OL].（2022－02－06）［2022－09　07］. https://www. chinatimes. com/opinion/20220206000036-262106? Chdtv.

二、思考讨论题

"和平统一、一国两制"基本方针提出的历史背景是什么? "一国两制"从理论到实践是如何一步步实现的?

三、案例解析

"和平统一、一国两制"是解决台湾问题的基本方针,和平统一是最佳方式,"一国两制"是最佳方案。这一方针的形成过程是中国共产党人实事求是,一切从中华民族根本利益出发的体现。

1949年春,中国共产党开始把解放台湾的问题提到日程上来,明确指出:中国人民包括台湾人民"绝对不能容忍国民党反动派把台湾作为最后挣扎的根据地。中国人民解放斗争的任务就是解放全中国,直到解放台湾、海南岛和属于中国的最后一寸土地为止"。正当解放军准备攻台之际,朝鲜战争于1950年6月下旬突然爆发。美国从侵朝战争和它在远东的利益考虑,派第七舰队进入台湾海峡,企图以武力阻止解放台湾。原本属于中国内政的台湾问题变得复杂化和国际化,武力解放台湾面临着巨大的障碍和困难。

朝鲜停战后,虽然中国的国际威望大大提高,但要通过武力方式解放台湾面临着许多困难。其一,美国在1954年12月与台湾当局签订了具有军事同盟性质的《共同防御条约》,使台湾问题更为严重和复杂。其二,台湾于1955年前后完成了"党改"和"土改"运动,岛内政局趋于稳定,台湾民众也不希望发生战争。其三,1953年朝鲜停战,1954年日内瓦会议达成恢复印度支那和平的协议,一度紧张的远东局势趋于缓和。其四,1953年起,我国开始制定并实施第一个五年计划,经济建设在整个国家生活中已经居于首要地位,更需要和平安定的国际国内环境。

1955年4月,周恩来在万隆会议上提出了中国政府对解放台湾问题的立场和新的方式,强调中国政府愿意在可能的条件下,争取用和平方式解放台湾。和平解放台湾主张的提出,标志着中国共产党对台政策发生了重大转变。1956年4月,毛泽东提出了"和为贵""爱国一家""爱国不分先后""以诚相见"和"来去自由"等主张。1956年9月中共八大《关于政治报告的决议》中提出,应当争取用和平方式解放台湾。1958年,毛泽东亲自起草《告台湾同胞书》,强调"我们都是中国人。三十六计,和为上计",提出"举行谈判,实行和平解决"。1962年,由毛泽东亲自拟定,周恩来主持执行,通过张治中等多种渠道向国民党传达了和平解放台湾的基本政策,其主要内容被概括为"一纲四目",即两岸统一是"纲";台湾人事大权自己定、军政建设经费不足时由中央拨付、社会改革可以从缓、互相不派人搞破坏为"四目"。可以看出,"一纲四目"是中国共产党和平解决台湾问题政策的进一步具体化。

毛泽东、周恩来等新中国第一代领导人为和平统一祖国作出的不懈努力,为后来邓小平提出"一国两制"构想提供了历史借鉴。

"文革"期间,中国共产党的对台政策遭受严重挫折。在极左路线干扰下,"和平解放台湾"的主张又被"一定要解放台湾"的口号所取代,两岸关系再度紧张。

直到中共十一届三中全会以后,在实事求是思想路线的指引下,中共中央根据新的形势,适时调整了对台政策,即在不承诺不用非和平方式解决台湾问题的前提下,正式提出和平统一祖国的战略方针,从而为解决台湾问题,缓和两岸关系创造了有利条件。

自20世纪80年代开始,中国共产党在和平统一祖国大政方针的基础上,进一步提出了"一国两制"的科学构想。1981年9月30日,全国人大常委会委员长叶剑英向新华社记者发表谈话,具体阐述了关于台湾回归祖国,实现和平统一的九条方针政策。他说:"国家实现统一后,台湾可作为特别行政区,享有高度的自治权,并可保留军队。中央政府不干预台湾地方事务。""台湾现行社会、经济制度不变,生活方式不变,同外国的经济、文化关系不变,私人财产、房屋、土地、企业所有权、合法继承权和外国投资不受侵犯。"这实际上初步表达了"一国两制"的中心思想。1982年1月,邓小平在会见美国华人协会主席李耀基时指出:九条方针是以叶剑英委员长的名义提出来的,实际上就是"一个国家、两种制度"。这是邓小平首次提出"一个国家、两种制度"的概念。

"一国两制"提出后不久即被法制化:1982年《宪法》序言中规定:"台湾是中华人民共和国的神圣领土的一部分。完成统一祖国的大业是包括台湾同胞在内的全中国人民的神圣职责。"第三十一条规定:"国家在必要时得设立特别行政区。在特别行政区内实行的制度按照具体情况由全国人民代表大会以法律规定。"

"一国两制"最初是为解决台湾问题而提出的,而最早运用于香港问题的解决,后又运用于解决澳门问题。1984年12月19日,中英两国在北京签订《关于香港问题的联合声明》,第一次将"一国两制"写进双边协定。1987年4月13日,中葡两国签署的《关于澳门问题的联合声明》规定:"中国政府根据'一个国家、两种制度'的方针,设立澳门特别行政区。"

1997 年 7 月 1 日,香港回归祖国。1999 年 12 月 20 日,澳门回归祖国。香港、澳门特别行政区开启实践"一国两制"的伟大进程。

四、教学建议

本案例适用于第九章第二节中"一国两制"部分的教学。通过对案例的讲解,梳理党和政府为实现国家和平统一而提出"一国两制"基本国策的历史脉络和进程,同时可联系冬奥会的口号"更团结"进一步延伸至构建人类命运共同体的伟大实践。

五、教学反思

1. 教学理念

《中国近现代史纲要》课程不仅仅是历史课更是思想政治理论课。起点是讲解过去已经发生的事实,但不能止步于此。还必须要讲清楚过去与现在的联系,讲清事件背后的来龙去脉,指明历史发展规律。授课过程中,案例的选择要尽量贴近现实贴近时代才能吸引学生,从现在出发去探究过去,从过去中总结经验教训以照亮未来。如此处用刚刚发生过的冬奥会开幕式上的舞蹈片段引起同学们对解决台湾问题方针发展变化历史脉络的探究。

2. 实施效果

一国两制、台湾问题目前仍是热点,但是很多青年学生对于这些问题的历史发展脉络并不清楚。甚至有些同学提问为什么当年不解放台湾? 我们现在强大了直接打就是,为什么还要讲和平统一、一国两制? 以一"鸽"都不能少这个节目的细节切入并与史实结合,比直接讲解"一国两制、和平统一"方针形成过程让学生更愿意且更容易接受和理解。配合该节目视频使用更佳。

参考文献

[1] 冷溶.邓小平提出"一国两制"构想的来龙去脉[J].瞭望周刊,1992(33):9-11.

[2] 刘相平.对"一国两制"台湾方案几个问题的思考[J].台海研究,2019(04):30-35.

[3] 田飞龙.中国共产党对"一国两制"的历史塑造和宪制守护[J].统一论坛,2022(01):22-25.

教学案例四

航母辽宁舰的前世今生

一、案例描述

瓦良格号是苏联的第三代"库兹涅佐夫"级航母。1983 年开始动工建造,计划 1988 年 11 月下水。可惜才完成了 68%,就遇到了苏联解体。苏联的航母业在最兴盛时,曾经拥有 11 艘航母。苏联解体时,由于俄罗斯和乌克兰因黑海舰队分配问题产生严重对立,双方争夺库兹涅佐夫号航母。时任俄罗斯国防部长沙波什尼科夫,以独联体国防部长名义,命令库兹涅佐夫号迅速起航,驶往俄罗斯控制的北方舰队基地,为俄罗斯留下了唯一的航母,而其他的苏联航母大多数被贱卖,成了外国的旅游场所。瓦良格号航母的所属国乌克兰无力再继续建造,只好把它交给船厂,而船厂为了生计,决定向世界出售。在中国海军高层的筹划下,中国人历尽艰辛才成功购买到了瓦良格号航母。

瓦良格号航母离开乌克兰到达中国的途中,历经波折。在到达土耳其的博斯普鲁斯海峡时受阻,土耳其和中国进行了长达一年半的谈判。在最艰难的时刻,国家决定立即接管瓦良格号航母。2001 年 11 月 1 日,瓦良格号航母顺利通过了长 32 千米、宽 650—3 300 米、深 30—120 米的博斯普鲁斯海峡。穿越达达尼尔海峡后,11 月 3 日进入爱琴海。瓦良格号遇到了前所未有的风暴,与 3 艘拖船连接的拖缆相继被刮断。在最危急的时刻,随行的希腊船员挺身而出,他们奋力和风暴搏斗,终于将失去控制的瓦良格号稳定了下来。瓦良格号虽避免了沉没和搁浅的危险,但一位名叫艾瑞斯·利马的希腊船员却为了拯救瓦良格号航母而献出宝贵的生命! 2002 年 3 月 3 日,历尽艰险的瓦良格号航母抵达大连港。2012 年 9 月 25 日,瓦良格号航母改名"中国人民解放军海军辽宁舰",入列中国人民解放军海军,它发生了翻天覆地的变化,成为我国第一艘航空母舰,舷号为"16"。辽宁舰航母交接入列后将继续开展相关科研试验和军事训练等工作。

资料来源:从一艘废弃航母到护国神器,无敌辽宁舰的前世今生![EB/OL]. (2021-03-01)[2022-12-15]. https://v. qq. com/x/page/z3230wbjpnc. html.

二、思考讨论题

中国为什么费尽艰辛购买一艘破旧的瓦良格号航母,而不是直接购买一艘全新航母,或者完全靠自己建造航母?

三、案例解析

1. 筹划国之大事需要锲而不舍之精神

我国的"航母之父"刘华清是最早关心我国海军航母建设和发展的人。1970 年,时任海军驻工业部门办公室主任的刘华清,就主持完成了《关于建造航母问题的初步意见》。在访问美国时,美国军方安排刘华清等访美团参观了小鹰号航空母舰和突击者号(CV-61)航空母舰以及其他舰艇,这是中国军人首次真正与航空母舰近距离接触。刘华清带着随团专家,看得非常仔细,并频频向舰艇上的工作人员了解航母的相关问题。1982 年,刘华清任海军司令员,他此后多次向国家高层提出建造航母的提案。当时国家正值改革开放初期,百废待兴,国家没有更多资金支持建造航母,重重困难面前,刘华清并没有因此放弃建造航母的计划。1995 年 5 月,从乌克兰传来消息,原苏联在黑海造船厂建造的一艘未完工的航空母舰准备出售。刘华清得到报告后,认为这是一个千载难逢的好机会,便向有关方面提出了买瓦良格号航母提议,但没有得到国家的支持。实际上,美国一直阻扰我国的购买计划,甚至敌对势力也在打着瓦良格号航母的主意。这种情况下,海军高层组成了一个购买瓦良格号航母的机构,领导是刘华清,指挥官是贺鹏飞。贺鹏飞曾语重心长地说:"航空母舰这个东西,这个是中华民族唯一的机会。因为以前不会有人卖给我们,以后也不会有,这是唯一的机会。"

2. 缺乏战略意识的国家容易出现战略失误

苏联的第四代核动力航母乌里扬诺夫斯克号曾被人暗算！乌里扬诺夫斯克号是苏联的第一艘核动力航母,在苏联解体时,才完成了30%,此时黑海船厂根本无力继续打造它。一天,船厂来了一个挪威的大买主,送来一个大订单,声称要订购六艘船,要得很急,并且还交了定金。船厂正在为生计发愁,一看到这个大订单,喜出望外。这时候,来了一家美国的废钢铁回收公司,报价每吨450美元,价格十分诱人,船厂最后把乌里扬诺夫斯克号肢解了。当乌里扬诺夫斯克号被肢解得差不多的时候,情况有了变化！挪威商人的6艘船的订单取消,他们宁愿交罚金也不要船了。美国的废钢铁回收公司声称先前的价格报高了,他们只能出到每吨150美元。就这样,苏联完成了30%的核动力航母乌里扬诺夫斯克号最终被以每吨150美元的废钢铁价格支掉！

3. 改造旧航母的目的是积累经验

以当时中国的造船能力,建造航母技术难度较大,购买瓦良格号航母不仅大大缩短建造周期,而且可以为发展具有自主知识产权的国产航母装备打下良好的科研和训练基础。军事专家经过深入细致的思考和论证,最后决定,把只完成了68%的瓦良格号改造成一个具有一定战斗力的航母,把它作为一个宝贵的学习材料,从中学习到世界制造航母的先进技术,为我国的自主研制航空母舰积累宝贵的经验。2005年4月26日,瓦良格号被拖进大连造船厂的干船坞,开始由中国人民解放军更改安装及继续建造。

4. 重建瓦良格号航母付出巨大牺牲

从2005年4月26日进行改造到2012年9月25日正式入列海军,历时七年五个月。在这段时间里,军迷们只能看到瓦良格号的外表在渐渐发生着变化。其实,在瓦良格号航母改造的几年间,我国的船舶科技人员克服了难以想象的困难,艰苦奋斗,为祖国的航母事业作出了杰出贡献。辽宁舰系统主任设计师、中船重工集团公司高级工程师王治国在接受中国青年报采访时表示,航母的改建工程工作量巨大、时间紧迫,他们用15个月的时间完成了30个月的工作量！

四、教学建议

新的形势下坚持和发展中国特色社会主义,党和国家各项事业取得了长足进步,人民解放军认真履行历史使命。透过辽宁舰航母的前世今生,帮助学生了解我国第一艘航母诞生的艰辛历程,进而深刻理解中国海军走向深蓝,维护我国海洋主权的重要意义。

案例讲解可侧重从两个角度入手:一是要告诉学生,党和国家各项事业的发展不是敲锣打鼓就能实现的,都是中国人民艰苦奋斗的结果。辽宁号航母是中国海军的镇军之宝、国之重器。辽宁舰航母的购买、改造、训练等过程中,以舰载机研制工程总指挥罗阳、海军飞行员张超为代表的一大批人为了辽宁舰航母,作出了巨大努力和牺牲！他们的爱国事迹,应该载入史册。二是维护国家核心利益需要有长期战略规划。在敌对国家技术封锁的前提下,我国利用有限的经费,通过改造一艘旧航母,培养我国的航母人才,积累建造经验与技术,为后续国产航母的研发奠定基础,反映了一代航母人的爱国精神和远大抱负。

五、教学反思

本章的教学重点包括改革开放和社会主义现代化建设取得的理论与实践成果;教学难点包括改革开放和社会主义现代化建设是如何深入推进的。在讲解党和国家各项事业向前推进时,以辽宁舰航母为切入口,可以大大调动广大青少年学生的学习热情。因为当今世界,是否装备航母往往是一个国家是否强大的重要标志。

教学过程尽量采用多种鲜活形式。讲解该案例时,部分学生可能比较陌生,最好结合相关视频以及我国的第二艘及第三艘航母的后续发展,充分说明第一艘航母之价值,进而明白中国特色社会主义的开创和发展中,先辈们历经的艰辛以及取得的巨大进展。

参考文献

[1] 李向阳,延飞,莫小.辽宁舰的深蓝航迹[J].解放军生活 2018(12).

[2] 刘朝晖.中国航母发展到什么地位了?[J].新民周刊 2021(22):54 - 57.

[3] 李慧云,徐增平.从"瓦良格"号到"辽宁舰"[J].中国老年,2019(14):14 - 17.

教学案例五

中国加入 WTO 始末

一、案例描述

1947 年 10 月 30 日,中国政府签署了联合国贸易与就业大会的最后文件,该大会创建了关贸总协定。中国政府从 1948 年 5 月 21 日开始正式成为关贸总协定缔约方。1950 年 3 月 6 日,台湾当局由其"联合国常驻代表"以"中华民国"的名义照会联合国秘书长,决定退出关贸总协定。1965 年 1 月 21 日,台湾当局提出观察总协定缔约国大会的申请,同年 3 月第 22 届缔约国大会接受台湾当局派观察员列席缔约国大会。1971 年 11 月 16 日,第 27 届缔约国大会根据联合国 2758 号决议,决定取消台湾当局的缔约国大会的观察员资格。1982 年 11 月,中国政府获得观察员身份并首次派团列席关贸总协定第 36 届缔约国大会,12 月 31 日,国务院批准中国申请参加关贸总协定的报告。

1986 年 7 月 10 日,中国驻日内瓦代表团大使钱嘉东代表中国政府正式提出申请,恢复中国在关贸总协定中的缔约方地位。1987 年 10 月 22 日,关贸总协定中国工作组第一次会议在日内瓦举行,确定工作日程。1990 年 1 月 1 日,台湾当局以"台、澎、金、马单独关税地区"名义申请加入关贸总协定。1991 年 10 月,时任中国国家总理李鹏致函关贸总协定各缔约方首脑和关贸总协定总干事,阐明中国复关问题的立场,强调当务之急是立即举行工作会议,开始议定书实质性谈判,在与中国政府协商并取得一致前,不得成立台湾工作组。1994年4月12日至15日,关贸总协定部长级会议在摩洛哥的马拉喀什举行,乌拉圭回合谈判结束,与会各方签署《乌拉圭回合谈判结果最后文件》和《建立世界贸易组织协议》。中国代表团参会并签署《最后文件》。10月20日,关贸总协定中国工作组第19次工作会议在日内瓦举行。中国政府代表团团长、外经贸部副部长谷永江在会上严厉谴责少数缔约方漫天要价,无理阻挠,致使复关谈判未能达成协议。1995年5月7日至19日,应关贸中国工作组主席吉拉德邀请,时任中国外经贸部部长助理龙永图率中国代表团赴日内瓦与缔约方就中国复关进行非正式双边磋商。6月3日,中国成为世贸组织(WTO)观察员。1998年6月17日,时任中国国家主席江泽民接受美国记者采访时提出加入世界贸易组织三原则:①WTO没有中国参加是不完整的。②中国毫无疑问要作为一个发展中国家加入WTO。③中国的加入WTO是以权利和义务的平衡为原则的。1999年5月8日,以美国为首的北约袭击中国驻南斯拉夫大使馆,中国政府被迫中断了加入WTO谈判。2001年7月3日,世界贸易组织成员国就中国正式入世问题达成一致,11月10日,世界贸易组织第四次部长级会议在多哈作出决定,接纳中国加入WTO,12月11日,中国正式成为WTO新成员。中国在提出申请15年后终于实现加盟。

　　资料来源:[1]中国加入世界贸易组织[EB/OL].(20011211)[20221225]. https://news.sina.com.cn/z/dohawto/.

　　[2]习近平谈中国加入世界贸易组织20周年[EB/OL].(20211104)[2022-12-15]. https://www.ixigua.com/7026707252518224398.

　　[3]《百年奋斗为人民》第六十集:加入"世贸"[EB/OL].(20220810)[2022-12-18]. https://tv.360kan.com/player? id＝d384169b334de80e2180a5291c95b464&q＝％E4％B8％AD％E5％9B％BD％E5％8A％A0％E5％85％A5WTO％E5％A7％8B％E6％9C％AB&src＝result-like&srcg＝pc_daohang.

二、思考讨论题

　　2022年是中国加入WTO二十一周年,当年加入WTO意味着国内市场与国外"打通",我国企业和政府都要按照国际通行的游戏规则做生意,中国经济会遇到严峻的挑战,既然如此,那么为什么中国一定要加入WTO?

三、案例解析

　　1. WTO的性质

　　WTO是世界各国和地区根据经贸发展之需要而主动成立的,而非国际社会所固有的;WTO的议事规则是协商一致,成员不分大小、贫弱,一律拥有一票否决权;WTO只是一个会议和谈判的组织者,其自身并不派生权力——它没有决策和制定规则权,没有实施协议和参与谈判权,没有争端裁决的绝对司法效力——其权力归成员贸易部长大会,其权威源于成员政府的信任和尊重程度;WTO 的任何协议、规则、决定、裁决,面对一个发生政治、军事和经济危机的成员政府,都会失去应有的约束效力;WTO 的基本宗旨是通过贸易扩大带动经济增长,实现资源在全球范围内的最优配置,增加就业,提高各成员国人民的生活福利,尊重环保目标,实现可持续发展,争取处理好贸易与发展的关系。WTO 是各成员国扩大贸易、发展经济和培育市场经济成果的浓缩和体现。WTO 的职能是制定规则,开放市场,解决争端。中国要加入 WTO 就要作出两个最重要的承诺:遵守规则,开放市场。联合国于 1971 恢复了我国在联合国的合法席位,标志着中国重返国际政治舞台。WTO 作为经济联合国,如果中国不加入,既与中国的国际地位很不相称,也不利于中国与世界经济的联通。

2. 中国加入 WTO 的挑战与机遇

加入 WTO 本身既符合中国改革的基本目标,又是中国融入国际社会的一项基本国策,并非权宜之计。过去中国经济有优势,也有劣势,政府用非市场化的手段来保护,使得内地的企业发挥了优势,淡化、疏解了弱势。加入 WTO,意味着国内市场与国外"打通",企业和政府都要按照国际通行的游戏规则做生意,中国企业特别是内地企业的弱势明显暴露出来。中国企业要能存活、中国经济要能自立于世界强国之林,不能靠政府的保护和屏障作用的干预,而是取决于企业自身的竞争能力。中国要通过加入 WTO 真正以一个负责任大国的形象全面融入到以市场经济为基础的国际经济主流中去,并得以纵横捭阖,应付自如,这是一个长期、渐进的历史过程,充满着挑战但也面临着机遇。

从带来挑战的角度看,加入 WTO 意味着政府管理体制的改革要不断跟进,越位的要还位,不到位的要到位;意味着政府管理职能要逐步转变,还权于企业,还权于市场,还权于协会和中介服务组织;意味着政府经济部门从重审批、重管理转向重监督、重服务。"看得见的手"要缩回,要收敛,要规范,要约束,要留下充分充足的空间让市场和企业依靠"看不见的手"来发挥作用。我国农业产业化过程迟缓,广大农民群众贫困状态尚未消除,农产品成本很高,难以应对发达国家。国有经济布局调整和国企改革尚未到位,地区、部门之间差别很大,现代企业法人治理结构没有建立;大量下岗职工需要安置,国有经济效率仍未有根本提高。金融体制比较脆弱。市场秩序混乱状况和腐败蔓延趋势尚未根本扭转。

从带来机遇的角度看,加入 WTO 可以用较短的时间加快体制改革和政府职能转化,通过扩大开放来推进改革深化;长远来看,加入 WTO 可以通过引入竞争机制,按比较优势重造分工格局,实现产业结构调整,培育创新体制,完善市场经济体制,提高我国的综合国力。过去的经历告诉我们,深化改革既有意识形态的障碍,也有利益冲突的阻隔,最困难的来自既得利益产生的体制惰性。我国政府加入 WTO 承诺最大的好处,是为建立社会主义市场经济体系设定了时间底线:不加快改革,将是"死路一条"。

3. 让 WTO 给中国老百姓带来看得见的实惠

加入 WTO 为中国的经济提供了良好的发展机遇。如果抓住这个发展机遇,就能加快中国的国民经济发展,为中国百姓带来根本上的好处,如扩大就业,提高人民的生活水平等。中国可以更好地了解世界,世界也可以更好地了解中国,进一步促进中国的改革开放,促进人们树立市场经济的观念。人们观念和意识上的进步,对经济的发展将是个巨大的促进。中国的管理模式将转向按照规则办事,法律法规将深入人心。依法行政、依法管理理念,都将大大提高政府管理的效率,百姓可以得到更好的服务。关税的降低和进口产品的增加,将使一些产品价格在竞争中下降,百姓将会有机会购买到更多价廉物美的商品。服务贸易领域的竞争也将给百姓带来更好的服务。

4. 用 WTO 贸易规则坚决维护中国企业的利益

当时,全世界约有 44 000 个跨国公司的母公司和 28 万个在国外的附属企业,形成一个庞大的全球经济体系。这些跨国公司控制了全世界 1/3 的生产,掌握了全世界 70% 的对外直接投资、2/3 的世界贸易和 75% 以上的专利和技术转让。如果中国经济想融入世界主流,参与经济全球化竞争,就必须同这些跨国公司打交道。随着中国企业不断壮大,还可以到国外收购中小型的跨国公司,逐渐扩大自己的实力;甚至可以借用世界跨国公司的做法,实现以资源为导向的跨国经营。随着市场壁垒的减少,中国企业将有更多的机会在全球发达的消费市场中寻求发展。我们还可以充分利用 WTO 贸易争端机制保护中国企业的利益。2001 年,加入 WTO 不久,包括信义玻璃在内的 14 家中国挡风玻璃企业,接到了加拿大反倾销的立案调查通知,中国迅速成立应诉小组,组建专业团队全面应诉。经过繁复的调查,2002 年 8 月,信义等企业终于等到了加拿大国际贸易法庭终审裁定:"来自中国的汽车玻璃对加拿大国内玻璃工业没有造成损害,也没有形成威胁。"中国赢得了加入 WTO 后第一宗反倾销案的胜利,也由此赢得了更多的海外市场订单。

四、教学建议

随着改革开放和现代化建设的不断推进,中国的经济规模日益扩大,亟待从更大范围融入国际市场。加入世界贸易组织是我国改革开放进程中具有历史意义的一件大事,更是进一步推进全方位、多层次、宽领域对外开放的重要契机。通过讲述中国加入 WTO 艰苦而漫长的历程,让学生们深刻认识到中国实现改革开放和现代化建设跨世纪发展的来之不易。

案例讲解可侧重从两个角度对学生加以引导:一是要讲清经济全球化是大势所趋,中国必须积极适应。加入 WTO 成为中国全面开放、融入全球贸易体系的既定国策,为此历经了艰辛谈判,甚至也付出了一定代价。因为,一个对外开放的中国,决不能总是袖手旁观地看着他人制定规则而只是被动适应;一个经济迅速增长的中国,决不能再失去有保证地进入全球市场的权利;一个依赖现代科技和现代市场经济的中国,决不能再落后于世界经济全球化和一体化的发展进程。二是要讲清加入 WTO,使中国经济成为世界经济一部分,机遇大于挑战。加入 WTO 是我国全面参与全球化合作的重要制度桥梁,也是我国妥善处理与大国双边关系的最积极、最具建设性的因素。加入 WTO 可以加快我国市场经济取向改革,实现与全球化发展和合作的对接,使我国经济成为世界经济的一部分。中国加入 WTO 受益的不仅仅是中国人民,也惠及全世界民众。

五、教学反思

本章的教学重点包括改革开放和社会主义现代化建设取得的理论与实践成果;教学难点包括改革开放和社会主义现代化建设是如何深入推进的。在讲解改革开放和现代化建设不断推进时,以中国加入 WTO 始末为案例是比较合适的,因为加入世界贸易组织是我国改革开放进程中具有历史意义的一件大事,更是进一步推进全方位、多层次、宽领域对外开放的重要契机。二十多年来的国际贸易实践以及全球第二大经济体的定位也充分证明,加入 WTO,使中国经济在全球化进程中获得参与制定规则和竞争的有利位置,对推动经济体制改革和现代化建设产生了深刻影响。

教学过程尽量采用多种鲜活形式和丰富教学资源。通过讲述中国加入 WTO 的曲折经历,让当代大学生了解中国实施改革开放的坚定决心,突破国际旧秩序的非凡胆识,进一步坚定"四个自信"。在案例使用过程中,注意进行加入 WTO 前后的数字对比,应适当配合影视作品、纪录片等视频资源,展示部分图片,增加学生的感性认识。

参考文献

[1] 单大圣.加入 WTO 二十年与中国社会保障发展[J].湖北经济学院学报.2022,20(03):74-81.

[2] 张利娟.入世 20 年,中国发展惠己及人[J].中国报道 2022(01):51-53.

[3] 张旭东.开放之桥梁:中国与 WTO 的"世纪情缘"[J].今日中国,2018,67(08):38-40.

第十章 >>> 中国特色社会主义进入新时代

教学案例一

习近平外交思想与"习式外交"的魅力

一、案例描述

一把柬埔寨王室珍藏的西哈努克太皇生前坐过的椅子,只为一位亲如家人的贵宾再次启用;一扇通向俄罗斯国防部和作战指挥中心的大门,首次向一位外国元首敞开;一本论述治国理政的著作以 21 个语种、642 万册发行量,覆盖世界 160 多个国家和地区……

这是在大型政论专题片《大国外交》讲述的几个故事。故事的主角,正是中国国家主席习近平。随着中国日益走近世界舞台中心,习近平主席的外交行动、外交风格备受瞩目,被国际媒体称为"习式外交"。在国际舞台上,无论是高大上的元首会晤,还是来到普通民众中间,习主席所到之处,总能掀起一阵阵"魅力旋风"。"习式外交"的魅力从何而来? 弄清这个问题,可以更深入地感受中国特色大国外交,更深刻地理解当代中国。

"习式外交"的魅力,在于以理服人的影响力。世界那么大,问题那么多。习近平主席始终心系人类前途命运,不断破解"世界怎么了、人类怎么办"的时代课题。他以和平、发展、治理三大赤字指明人类面临的严峻挑战,以"人类命运共同体"理念引领时代方向,以开放胸襟邀请各国搭乘中国发展的"顺风车",以巨大魄力推动"一带一路"建设……和平发展之理,合作共赢之道,务实担当之策,在"习式外交"中体现得淋漓尽致,为解决人类问题贡献了中国智慧、提供了中国方案。这种顺应时代潮流的"大国范儿",为纷纭复杂的世界带来希望,为难题缠身的各国注入信心,让中国声音响彻寰宇,在各国人民心中引起广泛共鸣。

"习式外交"的魅力,在于以诚待人的吸引力。"国家不分大小、强弱、贫富,都是国际社会平等成员"——这是一份庄严的承诺,也是习主席一以贯之的交友之道。2013 年,习近平主席访问拉美。不论是只有几万人口的小国,还是有 1 亿多人口的大国,习主席都同样以诚相待,生动诠释了中国坚持大小国家一律平等的外交原则。拉美多国领导人纷纷表示:同中国交往,就是有很强的舒适感和亲近感。真诚相交、平等待人的"大国范儿"在"习式外交"中不胜枚举,为习主席赢得了真挚友谊,也让世界感受到中国外交的气度与温度。

"习式外交"的魅力,在于以心相交的感染力。在哥斯达黎加,习主席与咖啡种植农户回忆务农经历;在俄罗斯,他主动上前为腿脚不便的援华老兵颁发奖章;在澳大利亚,他履行多年诺言看望已故老友家人;在美国,他来到位于塔科马市最贫穷居民区的林肯中学,欣然接受师生们赠送的1号橄榄球球衣。"以心相交者,成其久远。"这种心心相印的"亲民范儿",一路传递着善意与温暖,收获了各国人民的好感与信任。

"习式外交"的魅力,在于以文化人的感召力。腹有诗书气自华。穿行在国际舞台上,习近平主席运用文明的力量,架起沟通中外的桥梁。身着中式礼服出席荷兰国宴,以和平、可亲、文明的"狮子"比喻当代中国,善用古今中外的经典名句阐述观点,向G20杭州峰会外宾介绍"人间天堂"的人文历史,将中医针灸铜人赠予世界卫生组织……习主席从容优雅的"文化范儿",彰显了中国领导人开阔的文化视野、深厚的文化积淀和坚定的文化自信,也让世人醉心于中华文化之美,领略到文明互鉴之妙。

敬重你,才会敬重你的国——一个充满魅力的领导人,不仅是一个国家闪亮的名片,也是一个民族弥足珍贵的软实力。

曾几何时,周恩来总理的外交风采,让昔日敌人也深深折服于他的人格魅力;邓小平亲吻美国小学生、头戴牛仔帽的场景,改变了一代美国人对中国的刻板印象。今天,世界通过"习式外交",认识了一个为梦想而奋斗的中国,感受到一个重情义、尚和合、求大同的中国,感知着一个海纳百川、与世偕行的中国。"习式外交"的魅力,深刻塑造了中国特色大国外交的时代气质,也极大拉近了中国与世界的距离。

资料来源:辛识平."习式外交"的魅力从何而来[EB/OL].(2017-08-31)[2022.12.20].http://www.xinhuanet.com/politics/2017-08/31/c_1121580204.htm.

二、思考讨论题

党的十八大以来,习近平总书记以马克思主义政治家、思想家、战略家的卓越政治智慧、非凡理论勇气,洞察时代风云、把握时代脉搏、引领时代潮流,在对外工作领域提出一系列具有开创性意义的新理念新思想新战略,形成了习近平外交思想。结合材料思考,"习式外交"的特点有哪些?如何准确把握习近平外交思想的深刻内涵?

三、案例解析

习近平外交思想的重要内涵可以概括为10个"坚持"。

坚持以维护党中央权威为统领加强党对对外工作的集中统一领导。办好中国的事情,关键在党。我们要坚持外交大权在党中央,加强对外工作的集中统一领导和统筹协调,形成党总揽全局、协调各方的对外工作大协同局面。

坚持以实现中华民族伟大复兴为使命推进中国特色大国外交。实现民族复兴中国梦和人民对美好生活的向往是新时代赋予对外工作的历史使命。我们要坚持贯彻以人民为中心的外交理念,为国家发展和民族复兴营造更好国际环境,创造更多有利条件。

坚持以维护世界和平、促进共同发展为宗旨推动构建人类命运共同体。习近平总书记两次在联合国倡议构建人类命运共同体,受到国际社会的高度评价和广泛响应。我们要高举中国外交这面旗帜,引领人类前进方向,为中国和世界开辟一条共同发展的康庄大道。

坚持以中国特色社会主义为根本增强战略自信。"四个自信"是我们的力量之源和信念之基,代表了新时代中国的国家意志、民族精神和国际形象。我们坚持这样的战略自信,对外工作就有了根和魂,中国特色大国外交之路就会越走越宽广。

坚持以共商共建共享为原则推动"一带一路"建设。共建"一带一路"倡议源于中国,但机会和成果属于世界。

坚持以相互尊重、合作共赢为基础走和平发展道路。这是我们根据自身国情和根本利益作出的战略抉择。和平需要相互尊重,发展需要合作共赢。

坚持以深化外交布局为依托打造全球伙伴关系。这是新时代中国外交的重要内涵。我们要推进大国协调和合作,加强同周边国家睦邻友好关系,增进与发展中国家团结合作,积极做好多边外交工作,打造全方位、多层次、立体化的全球伙伴关系网络。

坚持以公平正义为理念引领全球治理体系改革。全球治理日益成为对外工作的前沿和关键问题。我们要勇担重任,积极推动构建更加平衡、反映大多数国家意愿和利益的全球治理体系。

坚持以国家核心利益为底线维护国家主权、安全、发展利益。这是对外工作的出发点和落脚点。我们要有效防范和化解各种风险挑战,为国家发展和民族复兴保驾护航。

坚持以对外工作优良传统和时代特征相结合为方向塑造中国外交独特风范。新时代中国外交展现了与时俱进、奋发有为、开拓进取的崭新风貌。我们要弘扬优良传统,不断丰富发展外交方略,把中国特色大国外交推向更高境界。

从理念上看,习近平主席在保持外交政策稳定性和连续性的基础上,连续而密集地提出了一系列与以往不同的新理念,可以称之为中国外交的"习式外交"。总体而言,"习式外交"具有以下几个特点:一是具有日益强烈的大国意识;二是积极进取,采取积极主动的外交政策,强化自己的责任意识。"一带一路"倡议的确定、建立新型大国关系与新型国际关系的倡议、充分发挥主场外交的作用等,都是外交积极进取的表现;三是重视周边、抓支点国家,突出"亲诚惠容"的理念,提倡"正确的义利观";四是坚持底线思维,坚决维护国家利益;五是强化公众外交。庄园会晤、瀛台夜话是外交方式创新尝试,意识到外交不仅仅是正襟危坐状态下的严肃交谈,还可以是放松状态下的深入交流,并达到正式交谈所难以起到的效果。

在习近平外交思想指引下,在习近平亲自擘画运筹下,新时代我国对外工作牢牢把握服务民族复兴、促进和平发展这条主线,完善和拓展了对外工作的战略布局,实现了对重要地区、重要国家、重要机制、重要领域全覆盖;加强顶层设计、策略运筹、底线思维、风险意识,形成一整套行之有效的战略思想和策略方法,不断增强对外工作的战略性、策略性、协调性;取得一系列历史性、开创性重大成就,展现出鲜明的中国特色、中国风格、中国气派,走出了一条波澜壮阔的中国特色大国外交新路。

四、教学建议

习近平外交思想体系严整、博大精深，一系列新思想新理念新战略具有原创性、独创性，开辟了我国外交理论新境界。"习式外交"是有鲜明的"中国特色、中国风格、中国气派"的中国特色大国外交。"习式外交"逐步将影响力扩展至全球事务，参与国际制度的建设，甚至主动设置议程，以期逐步改变当前世界政治、经济或金融等领域既有的秩序或格局。"习式外交"提出新的对外关系的基本准则、价值观，其中强化底线思维，维护国家主权、安全和发展利益是主要特色，以强大的综合实力为后盾，在涉及国家核心利益问题上，更加坚持底线，毫不退让。

本案例可用于第一节"开拓中国特色社会主义更为广阔的发展前景"的教学，建议围绕对"习式外交"特点的分析，展开对习近平外交思想内涵的解读，把握其对中国特色外交工作在理论与实践上的重要意义。通过对这一问题的深入分析，让学生充分认识到，十八大以来在习近平外交思想指引下，中国外交高举和平、发展、合作、共赢的旗帜，统筹国内国际两个大局，统筹发展安全两件大事，牢牢把握坚持和平发展、促进民族复兴这条主线，开拓进取、勇于担当，为我国和平发展营造更加有利的国际环境，为实现"两个一百年"奋斗目标提供有力保障，走出了一条有中国特色的大国外交之路。

五、教学反思

外交是国家意志的集中体现，外交工作是中国特色社会主义事业的重要组成部分。党的十八大以来，以习近平同志为核心的党中央统筹中华民族伟大复兴战略全局和世界百年未有之大变局，全面判断国际形势走向和我国所处历史方位，提出一系列富有中国特色、体现时代精神、引领人类进步潮流的新理念新主张新倡议，鲜明回答了新时代中国外交一系列重大理论和实践问题，创立形成了新时代中国特色社会主义外交思想——习近平外交思想，为新时代中国特色大国外交提供了根本遵循和科学指南。

通过案例教学，让学生深刻认识和理解习近平外交思想为新时代中国特色大国外交举旗定向，是对中国外交实践的高度概括和升华，反过来又有力推动了新时代中国特色大国外交不断开拓前行。让学生深刻意识到，我国已进入全面建设社会主义现代化国家新发展阶段，世界百年未有之大变局正在加速演变。要认真学习贯彻习近平外交思想，保持战略自信和战略定力，紧紧围绕党和国家工作重要节点，在世界乱局中化危为机，在国际变局中开创新局，为实现中华民族伟大复兴营造更加有利的外部环境。

参考文献

［1］姚树洁.告别"好好外交"一位海外学者眼中的习式外交攻略［J］.人民论坛,2014(06):46-47.

［2］苏格.习近平外交战略思想全面领航［J］.国际问题研究,2016(05):1-17,137.

［3］金正昆.习近平外交思想初探［J］.中共贵州省委党校学报,2015(01):5-9.

［4］吴志成,吴宇.习近平外交思想析论［J］.世界经济与政治,2020(02):4-23,155.

教学案例二

"百名红通人员"头号嫌犯从美国回国投案自首

一、案例描述

2016年11月16日,在中央反腐败协调小组国际追逃追赃工作办公室的统筹协调下,经中央有关部门和浙江省追逃办密切协作,潜逃海外13年之久的"百名红通人员"头号嫌犯杨秀珠回国投案自首。这是第37名归案的"百名红通人员"。

杨秀珠,女,1946年出生,浙江省建设厅原副厅长,涉嫌贪污犯罪,国际刑警组织红色通缉令号码A-745/7-2003。2003年4月,杨秀珠获悉犯罪行为败露后外逃,先后辗转至中国香港、新加坡、法国、荷兰、意大利。其间,杨秀珠还向法国、荷兰先后提出"避难"申请。在申请被有关国家驳回后,杨秀珠于2014年5月逃往美国并再次提出"避难"申请。

2014年以来,在中央反腐败协调小组领导下,中央追逃办统筹各方面力量,积极利用外交、司法、执法、反洗钱和反腐败等多种合作渠道,持续保持对杨秀珠高压态势,同时向杨秀珠介绍国家有关政策,劝其放弃抵抗,投案自首,以依法得到宽大处理。杨秀珠由最初"死也要死在美国",到"有回国念头",直至最终主动撤销"避难"申请,作出回国投案自首的决定。

杨秀珠归案是中美反腐败执法合作的重要成果。杨秀珠外逃美国后,中方通过中美执法合作联合联络小组反腐败工作组渠道向美方提出协助遣返杨秀珠的请求,并提供了相关证据和线索,美方遂将其逮捕并羁押。2014年12月,杨秀珠案被确定为中美5起重点追逃案件之一,双方指定专人,集中力量突破。中美联合工作组多次开展实地调查取证,杨秀珠涉案资产被依法冻结和追缴,案件不断取得重要进展。

杨秀珠的归案,再次表明以习近平同志为核心的党中央坚持有腐必反、有贪必肃,决不让腐败分子逍遥法外的鲜明态度和坚定决心,再次证明海外不是法外、外逃不是出路,腐败分子想躲进"避罪天堂"是痴心妄想。中央追逃办负责人重申,反腐败追逃追赃工作永远在路上,在逃的腐败分子必须认清形势,放弃幻想,早日投案自首,争取宽大处理。

资料来源:"百名红通人员"头号嫌犯杨秀珠从美国回国投案自首［EB/OL］.(2016-11-17)［2022-12-24］.http://fanfu.people.com.cn/n1/2016/1117/c64371-28874858.html.

二、思考讨论题

十八大以来,全面从严治党取得哪些卓著成效? 深入推进反腐败斗争对于坚持党的全面领导和提高党的建设质量有着怎样的重大意义?

三、案例解析

"坚定不移推进反腐败斗争，不断实现不敢腐、不能腐、不想腐一体推进战略目标。"习近平总书记在十九届中央纪委五次全会上深刻阐明新形势下反腐败斗争的新任务、新要求，为深入推进党风廉政建设和反腐败斗争指明了实践方向。

党的十八大以来，党风廉政建设和反腐败斗争取得了历史性成就，但也必须清醒看到，腐败这个党执政的最大风险仍然存在。政治问题和经济问题交织、传统腐败和新型腐败交织、腐败问题和不正之风交织的严峻复杂形势警示我们，腐蚀和反腐蚀斗争长期存在，稍有松懈就可能前功尽弃，反腐败没有选择，必须知难而进，驰而不息地把严的主基调长期坚持下去，以系统施治、标本兼治的理念正风肃纪反腐，一体推进不敢腐、不能腐、不想腐，不断增强党自我净化、自我完善、自我革新、自我提高能力。

一体推进不敢腐、不能腐、不想腐，是反腐败斗争的基本方针，也是新时代全面从严治党的重要方略，凝结着对腐败发生机理、管党治党规律和当前形势任务的深刻洞察。不敢腐、不能腐、不想腐既各有侧重，又相辅相成，是一个相互融合、交互作用的有机整体。一体推进不敢腐、不能腐、不想腐，必须统筹推进、协同发力，形成叠加效应，增强总体效果。

一体推进不敢腐、不能腐、不想腐，需要强化综合治理，形成反腐合力。对于腐败问题，必须以零容忍的态度、猛药去疴的决心、刮骨疗毒的勇气，做到有腐必反、有贪必肃，对腐败形成强大震慑。同时，将正风肃纪反腐与深化改革、完善制度、促进治理贯通起来，用好"四种形态"，综合发挥惩治震慑、惩戒挽救、教育警醒的功效。

小智治事，大智治制。腐败的本质是权力滥用，反腐败斗争必须加强制度建设，强化对权力运行的制约和监督。一体推进不敢腐、不能腐、不想腐，补齐制度短板、扎紧制度笼子是关键。要将防腐措施与改革举措同谋划、同部署、同落实，推进重点领域监督机制改革，有针对性地完善各方面制度。要聚焦权力运行和监督这个重点，构建全覆盖的责任制度和监督制度，以党内监督为主导，不断完善权力监督制度和执纪执法体系，形成常态长效的监督合力。

一体推进不敢腐、不能腐、不想腐，坚定理想信念、筑牢思想堤坝是重要基础。理想滑坡是最致命的滑坡，信念动摇是最危险的动摇。要注重固本培元，厚植不想腐的土壤，通过加强主观世界的改造，引导广大党员干部筑牢信仰之基、补足精神之钙、把稳思想之舵，推动从源头上治理腐败。各级领导干部要始终保持"赶考"的清醒，保持对"腐蚀""围猎"的警觉，带头遵守党纪国法，自觉反对特权思想、特权现象，带头廉洁治家，从严管好家属子女和身边工作人员，时刻自重自省自警自励，慎独慎微慎始慎终，真正做政治信念坚定、遵规守纪的明白人。

四、教学建议

该案例可用于第二节"夺取新时代中国特色社会主义伟大胜利"中第二目"坚持党的全面领导和提高党的建设质量"的教学，主要用来阐明党的十八大对全面提高党的建设科学化水平提出了明确要求,突出强调坚持党要管党、从严治党,不断提高党的领导水平和执政水平、提高拒腐防变和抵御风险能力,增强自我净化、自我完善、自我革新、自我提高能力,确保党始终成为中国特色社会主义事业的坚强领导核心。党风廉政建设和反腐败斗争,是党的建设的重大任务。党中央对腐败问题发现一起查处一起,持续整治腐败和作风问题,推进党风廉政建设和反腐败斗争。

五、教学反思

民不容贪,法不允腐。腐败是人民群众深恶痛绝的一种社会现象。通过跨国追捕贪腐人员的案例教学,可以帮助学生理解中国共产党不断深入推进自我革命的决心和勇气,有利于学生更加深刻理解习近平总书记"要兴党强党,保证党永葆生机活力,就必须实事求是认识和把握自己,以勇于自我革命精神打造和锤炼自己"的内涵。跨国追捕贪腐人员充分彰显了党中央从严治党、从严治军的坚决态度,猛药去疴、刮骨疗毒的坚强勇气,依法反腐、除恶务尽的坚定决心。

参考文献

[1] 刘汉峰.全面从严治党的思考[J].中国特色社会主义研究,2015(01):102 - 107.

[2] 何增科.腐败防治与治理改革[M].吉林:吉林人民出版社,2009.

[3] 王希鹏.十八大以来党风廉政建设和反腐败斗争工作的创新[J].中国特色社会主义研究,2014(04):90 - 95.

[4] 杨群红.落实党风廉政建设主体责任应把握的六个着力点[J].领导科学,2015(05):35 - 39.

教学案例三

武汉解封两周年

一、案例描述

2022 年 4 月 8 日,是武汉解封两周年纪念日。两年前的今天,关闭了 76 天的武汉"城门"缓慢打开。从 2020 年 1 月 23 日到 4 月 8 日,武汉封城战"疫"的 76 天,对很多人来说都会是永生难忘的   段时光。2020 年 1 月 23 日,武汉"封城"。900 多万人留在了这座被迫按下暂停键的城市之中。

2020 年 1 月 24 日起,各地组建医疗队奔赴武汉,全国共 52 支医疗队 4.26 万名医务人员驰援湖北。同时,大量抗疫物资从全国各地运往武汉。广东援鄂医疗队,95 后护士朱海秀摘下口罩后,满脸的印痕。接受央视新闻采访时,朱海秀顶着两个大大的黑眼圈,说出了让很多人泪目的话:"我不想哭,我眼泪在眼睛里打圈,我一哭的话,护目镜就花了,我就干不了事情了。"2 月 9 日,广东派出 438 名医疗队员增援湖北,2000 年出生的惠州市惠城区中医院护士刘家怡是其中之一。在同龄人还在享受着照顾的时候,不满 20 岁的她,毅然投身于武汉方舱医院的战疫现场。当记者问她,你还是一个孩子,还需要别人帮助呢。她的那句"穿上防护服,我就不是孩子了"感动了全中国。

当时医护人员防护服上的那些无声誓词,也带给了很多人希望。武汉市四医院的一名 95 后男护士许汉兵说:"生在中国是件幸运的事情,危险的时候肯定不能退缩。"坚持不懈奋战在疫情抗击一线,他在防护服上郑重地写下"精忠报国"。在当时空荡荡的武汉机场,齐鲁医院和四川华西医院的医疗队相遇的场景至今让人感动。医生们远远喊话:"你们是哪个医院的?""华西医院的!""我们是齐鲁的! 我们一起!"一次令人感动的会师。上一次两家医院相遇,还是在 1937 年。在 4 万多名各地医务人员来到湖北托举生命之时,同样有 4 万多名建设工人八方赶来,倾力抢建,并肩奋战,成为武汉战"疫"中的"最美建设者"。2020 年 2 月 2 日,经过 4 000 多名工人赶工 10 天 10 夜,火神山医院正式交付,展示了"中国速度"。建设期间,2 000 多万网友,日夜轮班监工武汉火神山医院的施工进度。

2020 年 3 月 10 日,武汉方舱医院全部休舱。湖北省人民医院医生江文洋在武昌方舱医院休舱前值最后一个夜班。身穿防护服,戴着口罩、护目镜,他躺在方舱医院的空床上,如释重负。2020 年 3 月 25 日,湖北省宣布除武汉外地区解除离鄂通道管控。4 月 8 日零时起,武汉市解除离汉离鄂通道管制措施。病毒无情人有情,76 天里,武汉这座城市创造了太多讲述不完的感动和温暖。武汉解封两周年,愿疫情早日消散。

资料来源:武汉解封两周年,一提到这些人和事还是感动到泪目! [EB/OL]. (2022 - 04 - 08)[2022 - 12 - 26]. https://view. inews. qq. com/a/20220408A0AVIM00.

二、思考讨论题

2020 年初,面对突如其来的新冠肺炎疫情,是什么原因使我国能够在短时间内控制疫情蔓延的势头? 抗击新冠肺炎疫情斗争的实践,铸就了伟大抗疫精神,其内容和精神实质是什么? 结合 2022 年上海疫情防控的经历,请同学们谈谈自己的感受和认识。

三、案例解析

习近平总书记指出:"当高楼大厦在我国大地上遍地林立时,中华民族精神的大厦也应该巍然耸立。为什么中华民族能够在几千年的历史长河中顽强生存和不断发展呢? 很重要的一个原因,是我们民族有一脉相承的精神追求、精神特质、精神脉络。"

在极不平凡的 2020 年,我们党团结带领全国各族人民,进行了一场惊心动魄的抗疫大战,经受了一场艰苦卓绝的历史大考,付出巨大努力,取得抗击新冠肺炎疫情斗争重大战略成果,创造了人类同疾病斗争史上又一个英勇壮举。伟大斗争锻造伟大精神。在这场同病毒的殊死较量中,中国人民和中华民族以敢于斗争、敢于胜利的大无畏气概,铸就了"生命至上、举国同心、舍生忘死、尊重科学、命运与共"的伟大抗疫精神。这一伟大精神高度凝练了中国人民在伟大抗疫斗争中展现的崇高精神风貌,极大地丰富发展了中国共产党人的精神谱系,是社会主义核心价值观在新时代最生动的表达,是党和人民战胜各种风险挑战、不断夺取新的伟大胜利的宝贵精神财富。

人无精神则不立，国无精神则不强。在五千多年的发展进程中，中国人民培育、继承、发展了以爱国主义为核心的伟大民族精神，为中国发展和人类文明进步提供了强大持久的精神动力。中国共产党是民族精神最坚定的弘扬者和实践者。百年来，我们党高擎民族精神火炬，淬炼锻造了红船精神、井冈山精神、长征精神、延安精神、西柏坡精神，雷锋精神、焦裕禄精神、"两弹一星"精神，特区精神、抗洪精神、抗击"非典"精神、抗震救灾精神……这条奔腾不息的精神大河，赓续民族之魂，绽放时代光芒，已深深融入中华民族的血脉。伟大抗疫精神是这一精神谱系中最新的结晶，是新时代最闪耀的精神标识。习近平总书记指出："伟大抗疫精神，同中华民族长期形成的特质禀赋和文化基因一脉相承，是爱国主义、集体主义、社会主义精神的传承和发展，是中国精神的生动诠释，丰富了民族精神和时代精神的内涵。"

生命至上，集中体现了中国人民深厚的仁爱传统和中国共产党人以人民为中心的价值追求。"爱人利物之谓仁"。人的生命是最宝贵的，在保护人民生命安全面前，我们必须不惜一切代价，我们也能够做到不惜一切代价。在抗疫斗争中，党中央始终把人民群众的生命安全和身体健康放在第一位，从关闭离汉离鄂通道、实施史无前例的严格管控，到不惜一切代价救治患者，每一个生命都得到全力护佑，人的生命、人的价值、人的尊严得到悉心呵护。习近平总书记强调："为了保护人民生命安全，我们什么都可以豁得出来！"这是中国共产党执政为民理念的最好诠释，是中华文明人命关天的道德观念的最好体现，也是中国人民敬仰生命的人文精神的最好印证。

举国同心，集中体现了中国人民万众一心、同甘共苦的团结伟力。面对生死考验，面对长时间隔离带来的巨大身心压力，广大人民群众生死较量不畏惧、千难万险不退缩，或向险而行，或默默坚守，以各种方式为疫情防控操心出力。长城内外、大江南北，全国人民心往一处想、劲往一处使，把个人冷暖、集体荣辱、国家安危融为一体，"天使白""橄榄绿""守护蓝""志愿红"迅速集结，"我是党员我先上""疫情不退我不退"，誓言铿锵，丹心闪耀。14亿中国人民同呼吸、共命运，肩并肩、心连心，绘就了团结就是力量的时代画卷。

舍生忘死，集中体现了中国人民敢于压倒一切困难而不被任何困难所压倒的顽强意志。危急时刻，又见遍地英雄。各条战线的抗疫勇士临危不惧、视死如归，困难面前豁得出、关键时刻冲得上，以生命赴使命，用大爱护众生。他们中间，有把生的希望留给他人而自己错过救治的医院院长，有永远无法向妻子兑现婚礼承诺的丈夫，也有牺牲在救治岗位留下幼小孩子的妈妈……面对疫情，中国人民没有被吓倒，而是用明知山有虎、偏向虎山行的壮举，书写下可歌可泣、荡气回肠的壮丽篇章。

尊重科学，集中体现了中国人民求真务实、开拓创新的实践品格。科学技术是人类面对疾病最有效的武器。面对前所未知的新型传染性疾病，我们秉持科学精神、科学态度，把遵循科学规律贯穿决策指挥、病患治疗、技术攻关、社会治理各方面全过程，打出了一场场科学攻坚的漂亮仗。无论是抢建方舱医院、采取中西医结合优化诊疗方案，还是多部门组成科研攻关组、多条技术路线研发疫苗；无论是开展大规模核酸检测、大数据追踪溯源和健康码识别,还是分区分级差异化防控、有序推进复工复产,都是对科学精神的尊崇和弘扬,都体现了严谨务实的专业态度和勇于探索的创新意识,为战胜疫情提供了强大科技支撑。

命运与共,集中体现了中国人民和衷共济、爱好和平的道义担当。大道不孤,大爱无疆。我们秉承"天下一家"的理念,不仅对中国人民生命安全和身体健康负责,也对全球公共卫生事业尽责。我们最早向世界报告疫情,第一时间发布病毒基因序列等关键信息,坚定支持世界卫生组织发挥领导作用,毫无保留地与各国分享抗疫经验,发起了新中国成立以来规模最大的全球人道主义行动,为全球疫情防控注入源源不断的动力。2020 年,我们向 150 多个国家和 10 个国际组织提供抗疫援助,向有需要的 34 个国家派出 36 支医疗专家组,向各国提供了 2 200 多亿只口罩、22.5 亿件防护服、10.2 亿份检测试剂盒,坚定履行将新冠疫苗作为全球公共产品的承诺。这充分展示了讲信义、重情义、扬正义、守道义的大国形象,生动诠释了为世界谋大同、推动构建人类命运共同体的大国担当。

一个民族只有在精神上达到一定的高度,才能在历史的洪流中屹立不倒、奋勇向前。习近平总书记强调:"我们要在全社会大力弘扬伟大抗疫精神,使之转化为全面建设社会主义现代化国家、实现中华民族伟大复兴的强大力量。"从五千多年文明发展的苦难辉煌中走来的中国人民和中华民族,必将从伟大抗疫精神中汲取磅礴之力,在新的伟大征程上创造新的历史伟业。

四、教学建议

该案例适用于第二节第五目"抗击新冠肺炎疫情和伟大抗疫精神"。这次疫情防控阻击战向世界展示了中国速度、中国精神和中国力量,为世界抗击新冠肺炎疫情作出了突出贡献。在中国举国同心共抗疫情的同时,某些西方国家采取躺平的方式,致使疫情蔓延,百姓遭难。教师在进行该案例教学时,可进行中外对比分析,以凸显出中国共产党的坚强领导、中国特色社会主义的制度优势以及中华民族百折不挠的精神品质。教师要深刻阐释伟大抗疫精神的内涵,增强学生战胜疫情的信心和决心。

五、教学反思

用好疫情防控"教科书",坚持课程教学与疫情防控相结合,强化学生在抗击疫情中的担当精神,教育学生以积极的心态面对困境,敬畏生命,引导学生增强制度自信,弘扬爱国精神,自觉承担起实现中华民族伟大复兴的青春使命。利用案例,结合教材,引入对新冠肺炎疫情的讨论和分析,不仅深受学生欢迎,而且加强了学生的理想信念教育,增强了学生实事求是分析问题的能力。在本章节的学习中,利用抗击疫情的鲜活案例,用心用情讲好抗疫精神,带领学生入情入境了解国家命运,增强爱国主义和制度自信,让学生不知不觉融入历史和现实,增强实现中华民族伟大复兴的历史责任感和使命感。

参考文献

[1] 曲青山,王全春等.论伟大抗疫精神[J].中共党史研究,2020(04):5-11.

［2］中华人民共和国国务院新闻办公室.抗击新冠肺炎疫情的中国行动［M］.北京:人民出版社,2020.

［3］邹绍清.论中国共产党构筑中国精神谱系的百年历程与基本经验［J］.西南大学学报(社会科学版),2021,47(01):1-15,225.

［4］陈晋.传承和弘扬中国共产党的"精神谱系"［N］.光明日报,2016-06-29(01).

教学案例四

时代楷模黄文秀

一、案例描述

黄文秀:坚定的初心　闪光的青春

黄文秀,壮族,广西百色市委宣传部干部、乐业县新化镇百坭村第一书记,这个 2019 年 4 月 18 日刚过完 30 岁生日的姑娘,将生命永远定格在扶贫路上,用短暂的一生书写了共产党员的初心。壮乡内外、网上网下,人们深情缅怀这位年轻的第一书记。

24 日,广西壮族自治区党委追授黄文秀为"自治区优秀共产党员"。

双脚走在泥土里:将扶贫当作"心中的长征"

进入雨季的百色,暴雨说来就来。距离百色市区 160 多公里的乐业县至今未通高速公路,一逢大雨,蜿蜒的山路更加危险难行。

这条路,年轻的黄文秀走了很多遍。2016 年,北京师范大学硕士毕业的她毅然返乡,作为优秀选调生进入百色市委宣传部工作。2018 年 3 月 26 日,黄文秀响应组织号召,到百坭村担任第一书记。

百色市委宣传部干部科科长何小燕回忆起黄文秀泪流满面:"去年单位就驻村工作征求她意见时,她毫不犹豫答应了。她父亲患癌症病重的事也没提,当时我们都不知道。"

石山林立的百坭村是个深度贫困村,全村 472 户中有贫困户 195 户,且全村 11 个自然屯位置分散,多个屯距村部都在 10 公里以上。

为了能尽快进入工作状态,出发前的黄文秀总是往有驻村经历的同事那里跑,请教工作经验和方法。

然而,初到村里,她还是碰了"钉子"。

"我们这里穷了那么多年,真的能脱贫吗?""你一个女娃,能行吗?"一些村民议论纷纷。黄文秀一开口就是普通话,她走村串户访问贫困户,有的村民甚至不让她进门,好不容易进去了,打开笔记本想记录点什么,群众却不愿多说。

"她那时压力很大,但没有听到她叫苦抱怨。"新化镇脱贫攻坚工作队分队长周洁记得当时的情景,"她背起包就扎了下去,白天遍访贫困户,分析致贫原因,晚上与村'两委'研究脱贫对策,夜深了,一个人孤零零住在村部一间不足 10 平方米的小屋子里。"

为了拉近与群众的感情,黄文秀到了村民家不再直接问东问西,而是脱下外套,要么帮助扫院子,要么到地里做农活,帮他们摘砂糖橘、收玉米、种油茶等,一边干农活一边商量脱贫之计。

黄文秀热情阳光的性格和朴实的作风打动了村里的父老乡亲,群众很快就接纳了她。有的老人开玩笑说:"你这个女娃娃还真的很能'缠'哩!"

山路太远,她常常要去镇里、县城开会,为了提高工作效率,黄文秀将私家车开到村里当工作用车。到 2019 年 3 月 26 日,驻村一年间汽车行驶里程 2.5 万公里,当天她发了一个微信朋友圈:"我心中的长征。"

6 月 16 日,黄文秀利用周末回家看望做完第二次手术的父亲后,就急着返回百坭村。病床上的父亲忍不住担心,"文秀,天气预报说晚上有暴雨,现在开车回村里不安全,明早再回吧?""正因为有暴雨更得赶回去,怕村里受灾,我马上得走了。"面对父亲的挽留,黄文秀叮嘱了一句"按时吃药"后,启程回村。

看着雨势越来越大,黄文秀心急如焚,在途中不断关注着村里的灾情和群众的安危。

一路风雨,一路艰辛。在她最后用手机拍摄的视频里,山路上电闪雷鸣,暴雨如注,洪水淹没路面。危险正在靠近,但黄文秀选择向着自己牵挂的群众前进。

心中装着群众:村民用热泪给了答案

2017 年年底,百坭村贫困发生率 22.88%,目前贫困发生率已下降到 2.71%。这一年多的时间内,在年轻的第一书记带领下,这个边远的贫困村究竟发生了什么样的变化?

村民用热泪给了答案。

在者乐屯,53 岁的壮族汉子韦乃情说起黄文秀,马上红了眼眶。"前几天黄书记还来我家取走我孙子的住院报销材料,现在钱到账了,她却再也回不来了。"

听到消息后,贫困户班氏会当晚整夜无眠。"满脑子都是她的笑脸,她帮我申请低保的情景,到医院看我儿子的情景。"

为了解决道路对村里发展的制约,黄文秀实地勘查,带着村干部和群众做方案、拿对策,积极申请、推进项目。

为了解决山里缺产业问题,她带领村干部和群众学经验、找路子,立足当地资源,大力发展杉木、砂糖橘、八角、枇杷等特色产业。

为了打开销售渠道,黄文秀带着全村发展电商,仅砂糖橘去年在电商上就销售 20 000 多公斤,销售额 22 万元。

为了解决村民生产生活用水问题,黄文秀带着大家修建蓄水池、渡槽……

如今,百坭村道路通了,产业旺了,用水方便了,山上果实累累,村容村貌焕然一新。

初心不改:青春为党旗增光

6 月 22 日上午,在百色市殡仪馆,黄文秀同志的骨灰安放在鲜花翠柏丛中,上面覆盖着鲜红的中国共产党党旗。在现场人们眼含泪水,网络上一条条深情缅怀的留言,记录着黄文秀短暂却光辉的一生。

走访中,人们用一段又一段回忆,勾勒出一名年轻共产党员的价值追求和使命担当。

此前很少有人知道,在这个爱笑的姑娘背后,是才脱贫的家庭。当年因家境贫困,她曾得到教育扶贫资助,感恩在心。2011 年读大学本科时,表现优异的她加入了中国共产党。

硕士毕业后,面对多种就业选择,父亲的一席话让黄文秀投入故乡脱贫事业的决心更加坚定:"你入了党,要为党工作,回到家乡做一个干干净净的人民公仆。"

贫困户黄仕京记得自己曾问过黄文秀:"你是从北京毕业的研究生,为什么到我们这么边远的农村工作?"黄文秀回答,百色是脱贫的主战场之一,我没有理由不回来,我们党是切实为群众谋发展谋福利的党,怎么能不响应党的号召呢?老人听罢肃然起敬。

了解黄文秀情况的亲友知道,黄文秀事业心太强,总担心工作做不到位,连终身大事都没有顾上。她对关心她婚恋问题的同学和朋友说,等脱贫攻坚任务完成以后再说。

"是党培养了她,她为党的事业作出贡献,我为她骄傲!"生死两别,黄文秀 70 岁的父亲黄忠杰哭红了眼睛。

黄文秀的姐姐黄爱娟说,妹妹虽工作忙常不能回家,其实内心非常关爱家人。上学时,她勤工俭学挣钱接父亲去北京圆了老人家"看看天安门"的愿望;她给患先天性心脏病的母亲送了一个礼物,那是一只刻着"女儿爱你"四个字的银手镯。

黄文秀是一个好学生、好同事、好女儿、好妹妹,更是一名用自己的青春和生命坚守初心、担当使命的共产党员。她生前曾说:"作为驻村第一书记,有信心在党中央的领导下,不获全胜,决不收兵!"黄文秀把群众的利益看得最重,把自己的责任看得最重,她的事迹感动了千千万万的人。

资料来源:坚定的初心　闪光的青春——追记广西乐业县驻村第一书记黄文秀[EB/OL].（2019 - 06 - 24）[2022 - 12 - 26]. https://baijiahao. baidu. com/s? id＝1637224164251856549&wfr＝spider&for＝pc.

二、思考讨论题

黄文秀牺牲在何种伟大事业中? 她的感人事迹体现了什么精神? 中国为什么能够取得脱贫攻坚战的胜利,有着怎样的历史意义?

三、案例解析

习近平总书记在全国脱贫攻坚总结表彰大会上庄严宣告:"经过全党全国各族人民共同努力,在迎来中国共产党成立一百周年的重要时刻,我国脱贫攻坚战取得了全面胜利","完成了消除绝对贫困的艰巨任务,创造了又一个彪炳史册的人间奇迹!"这一凝聚人类共同理想、反映中国共产党初心和使命的历史壮举,对坚持和发展马克思主义、引领和深化世界社会主义具有重大理论意义。

进一步彰显了人民立场的极端重要性

在纪念马克思诞辰200周年大会上,习近平总书记指出,"马克思主义是人民的理论,第一次创立了人民实现自身解放的思想体系","第一次站在人民的立场探求人类自由解放的道路",不仅深刻揭示了马克思主义理论的人民性,也深刻阐明了人民立场所具有的马克思主义方法论意义。

中国的脱贫攻坚事业始终坚持党中央的集中统一领导,坚持以全心全意为人民服务为根本宗旨的马克思主义政党观,把实现好、维护好、发展好最广大人民根本利益作为一切工作的出发点和落脚点,自觉地使改革发展成果更多更公平惠及全体人民。事实充分证明,人民是真正的英雄,激励人民群众自力更生、艰苦奋斗的内生动力,对人民群众创造自己的美好生活至关重要。我们做到了始终坚持为了人民、依靠人民,尊重人民群众主体地位和首创精神,所以能够把人民群众中蕴藏着的智慧和力量充分激发出来。中国全面脱贫是坚持人民立场的重大创举,是发挥人民立场方法论原则的必然结果。

进一步深化了社会主义的本质认识

理论形态的社会主义是在批判资本主义社会制度的基础上产生的,它吸收了资本主义社会创造的一切文明成果,同时又克服了资本主义社会的一切内在矛盾,作为对以往社会形态辩证否定结果的新生事物,具有毋庸置疑的优越性。实践上,世界社会主义运动曲折发展,在很长一段时间内并没有把社会主义理论上的优越性充分彰显出来,究其根由,在于实践中缺少对社会主义本质的科学把握。

中国全面脱贫的辉煌成就正是在对社会主义本质科学认识的基础上,在实践中坚持社会主义本质取得的。我们通过改革开放大力解放生产力,发展生产力,既实现了大量贫困人口的脱贫,也为全面消除绝对贫困奠定了坚实的物质基础。中国特色社会主义进入新时代,我们深刻把握社会主要矛盾转化,进一步深化了对社会主义本质的认识。习近平总书记指出,"消除贫困、改善民生、实现共同富裕,是社会主义的本质要求,是我们党的重要使命"。

进一步彰显了社会主义制度的历史先进性

贫困作为人类社会的顽疾,一直是人类生存面临的最大威胁,摆脱贫困一直是困扰全球发展和治理的突出难题。在中国全面消除绝对贫困之前,还没有哪个国家和地区真正摆脱全面贫困,消除两极分化。在中国共产党的领导下,中国脱贫攻坚战取得了全面胜利,现行标准下9 899万农村贫困人口全部脱贫,832个贫困县全部摘帽,12.8万个贫困村全部出列,区域性整体贫困得到解决,第一次在一个发展中国家完成了消除绝对贫困的艰巨任务,在实现共同富裕的道路上迈出了坚实的一大步。

中国全面脱贫充分彰显了社会主义制度在解放生产力、发展生产力,实现生产力更高、更快发展方面所取得的巨大成就,彰显了到目前为止实现生产力更高、更快发展所具有的最大优越性。因为没有更高、更快发展的社会生产力,就不可能创造满足社会全面消除贫困所需要的巨大物质财富,不可能奠定全面消除贫困所必要的雄厚物质基础。中国全面脱贫更加充分彰显了社会主义制度在促进社会公平正义,实现"所有的人富裕"和"真正的充分的自由"方面的历史先进性。因为人类发展的漫长历史证明,只有社会主义才能把人类梦寐以求的共同富裕理想作为本质要求,为绝大多数人谋利益,创造人类历史上全面消除贫困的伟大壮举。

铸就了奋进新时代的强大精神动力,形成脱贫攻坚精神

百年以来,从伟大斗争中提炼伟大精神并引领新的伟大斗争,是我们党的优良传统。

这场史无前例、举世瞩目的脱贫攻坚伟大斗争,不仅取得了近 1 亿人脱贫的伟大物质成就,也铸就了激励 14 亿人继续乘风破浪前进的伟大精神成果。习近平总书记在全国脱贫攻坚总结表彰大会上总结了"上下同心、尽锐出战、精准务实、开拓创新、攻坚克难、不负人民"的脱贫攻坚精神。脱贫攻坚精神,是中国共产党性质宗旨、中国人民意志品质、中华民族精神的生动写照,是爱国主义、集体主义、社会主义思想的集中体现,是中国精神、中国价值、中国力量的充分彰显,赓续传承了伟大民族精神和时代精神。我们要深入把握脱贫攻坚精神的内涵,将其转化为全面建设社会主义现代化国家、实现中华民族伟大复兴的强大精神力量。

四、教学建议

消除贫困、改善民生、逐步实现共同富裕,是中国特色社会主义的本质要求,是中国共产党的重要历史使命。习近平强调:"全面建成小康社会、实现第一个百年奋斗目标,农村贫困人口全部脱贫是一个标志性指标。"

本案例可用于第三节"全面建成小康社会和开启全面建设社会主义现代化国家新征程"中第一目"脱贫攻坚战取得全面胜利"的教学,可以采用朗读或演讲的方式介绍黄文秀事迹,达到情感动人的目的。城市部分大学生对于贫困,尤其是农村的贫困状况了解不多,对于贫困生活和脱贫意义没有切身体会,因此可以采用视频资料或者实践活动等方式,通过对黄文秀事迹的讲述,加深学生对于贫困的认识,进而让学生们了解我国实现脱贫攻坚取得胜利的原因和意义,感受和理解脱贫攻坚精神的价值内涵,更加深刻地理解中国共产党领导和中国特色社会主义制度的政治优势。

五、教学反思

脱贫攻坚精神具有世界意义。中国的脱贫攻坚丰富和发展了全球反贫困理论。中国脱贫攻坚精神坚持了马克思主义的科学原理,是马克思主义反贫困理论在实践中的深化与发展,使社会主义政治制度的优势在减贫工作中得到有效发挥。中国脱贫攻坚的经验进一步丰富了世界反贫困理论思想谱系,对全球广大贫困人口加速摆脱贫困有重要意义。为世界减贫事业树立了榜样,提供了科学指引和有效方案,推动了发展中国家减贫进程和构建没有贫困的人类命运共同体进程。

当前"00 后"的大学生一般具有较好的家庭环境和物质条件,对于贫困无法感同身受,同样无法理解摆脱贫困带给中国广大农村地区的变化,无法感知党和国家为了赢得这场胜利付出的代价。这种无法感同身受,也就限制了教学效果的发挥。因此,可以从两个方面进行改进:一是采取多种教学方式,例如朗读黄文秀事迹,观看极端贫困地区的历史视频等,尽可能让学生体会脱贫事业的历史性成就。二是在有条件的地区,应该带领学生到乡间田野,进行劳动教育,体会当前幸福生活的来之不易,领会困扰中华民族几千年的绝对贫困问题得到历史性解决是全面建成小康社会的标志性成果。

参考文献

［1］覃蔚峰.黄文秀:用生命谱写青春赞歌[J].当代广西,2021(14):33.

［2］习近平.在全国脱贫攻坚总结表彰大会上的讲话[N].人民日报,2021-02-26(002).

［3］廖富洲.习近平精准扶贫思想研究[J].学习论坛,2018(08):38-45.

［4］徐琛.赓续脱贫攻坚精神　续写共同富裕新篇章[J].求知,2022(07):28-30.

［5］杨增崇,王博.论脱贫攻坚精神的生成滋养、时代价值及其弘扬进路[J].中共云南省委党校学报,2022,23(02):22-30.